Guía de lectura atenta

Mc Graw Hill Education

Cover and Title pages: Nathan Love

www.mheducation.com/prek-12

Send all inquiries to:
McGraw-Hill Education
Two Penn Plaza
New York, New York 10121

ISBN: 978-0-02-134195-5
MHID: 0-02-134195-8

Printed in the United States of America.

11 12 13 14 15 16 17 18 19 LMN 25 24 23 22 21 20

E

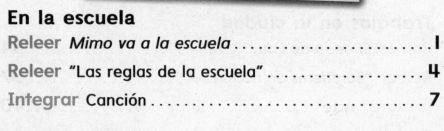

¡A conocernos!

En la escuela

Donde vivo

Nuestras mascotas

Seamos amigos

¡A movernos!

Nuestra comunidad

Trabajos en la ciudad

Edificios por todos lados

Una comunidad en la naturaleza

¡Ayudemos!

Sigue el mapa

Cambios con el paso del tiempo

Animales por todas partes

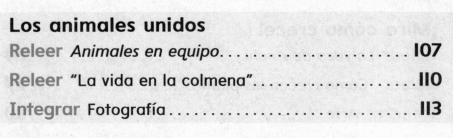

¿Cómo funciona?

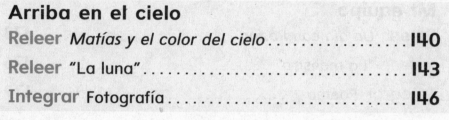

Se ve, se clasifica

Arriba en el cielo

Grandes invenciones

Los sonidos nos rodean

TIME FOR KIDS

¡Juntos podemos!

(l) Steve Allen/Brand X Pictures; (cr signed language) George Ancona/McGraw-Hill Education; (r-brush) McGraw-Hill Education; (r-chessboard) Stockbyte/PunchStock

Mimo va a la escuela

¿? ¿Cómo te ayudan las ilustraciones a comprender qué hacen los niños un día de escuela?

Antología de literatura:
páginas 6-17

COLABORA

Coméntalo Vuelve a leer las páginas 8 y 9. Observa las ilustraciones. ¿Qué hacen los niños?

Evidencia en el texto Escribe tres cosas que hacen los niños en la escuela.

LECTURA ATENTA **Consejo de la semana**

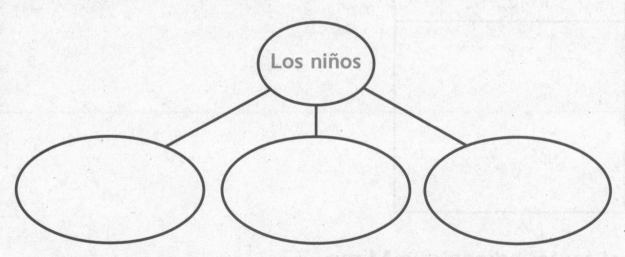

Los niños

Escribe Las ilustraciones muestran que los niños

_____

- -

_____

Matt

Cuando **vuelvo a leer**, miro las ilustraciones para descubrir detalles.

Liza McCorkle/iStock/Getty Images Plus/Getty Images

¿? ¿Cómo te ayudan el texto y las ilustraciones a saber quién es Mimo?

COLABORA

Coméntalo Vuelve a leer las páginas 10 y 11. Observa las ilustraciones y comenta lo que ves.

Evidencia en el texto Escribe lo que has aprendido sobre Mimo con el texto y las ilustraciones.

Ilustraciones	Palabras

Escribe Las ilustraciones y el texto indican que Mimo

_____

- -

_____

Leer juntos

LECTURA ATENTA **Acuérdate**

Mientras vuelvo a leer, puedo usar estos marcos de oraciones para hablar sobre Mimo.

En la clase....

Mimo es....

¿Cómo sabes de quién es el gato?

COLABORA

Coméntalo Vuelve a leer la página 17 y comenta lo que dice la niña y lo que ves en la ilustración.

Evidencia en el texto Escribe las claves que te indican de quién es el gato.

Ilustraciones	Palabras

Escribe Sé de quien es el gato porque

_____

- -

_____

LECTURA ATENTA
Acuérdate

Las palabras me ayudan a comprender lo que sucede.

Tu turno

¿Qué suceso especial ocurre en este día de clase?

Usa los siguientes marcos de oraciones:

En el texto leo que...

Las ilustraciones muestran que...

¡Conéctate!
Escribe tu respuesta en línea.

"Las reglas de la escuela"

¿Por qué hay reglas en la escuela?

Las reglas nos ayudan a llevarnos bien.

Las reglas nos protegen.

Vuelve a leer y haz anotaciones en el texto siguiendo las instrucciones.

Encierra en un recuadro la clave que indica de qué trata la selección.

¿En qué se diferencia la primera oración de las otras? Encierra la respuesta en un círculo.

Subraya las claves que indican para qué sirven las reglas en la escuela.

COLABORA

Conversa con un compañero sobre la forma en que está organizado el texto.

Purestock/SuperStock

Levantamos la mano.

Escuchamos en silencio.

Obedecemos las reglas
de seguridad.

¡Y nadie se queda sin jugar!

¿Cuáles son las reglas
en tu escuela?

**Subraya dos reglas de la escuela.
Escríbelas aquí.**

_____

_____

_____

_____

**¿Qué regla es diferente a las demás?
Dibuja una estrella junto a ella.**

COLABORA

**Mira la oración con la estrella.
Conversa con un compañero sobre
por qué esa regla es diferente.**

¿Cómo te ayuda "Las reglas de la escuela" a aprender sobre las reglas?

COLABORA

Coméntalo Consulta tus notas. Comenta con un compañero cómo te ayuda la selección a aprender sobre las reglas.

Evidencia en el texto Escribe dos claves que muestren cómo te ayuda "Las reglas de la escuela" a aprender sobre las reglas.

Clave	Cómo me ayuda a aprender

Escribe Aprendo sobre las reglas con

_____

_____

_____

LECTURA ATENTA

Acuérdate

Puedo buscar claves sobre el modo en que la selección da información.

¿? **¿Por qué "Abecé" es una buena canción para cantar en la escuela?**

COLABORA

Coméntalo Comenta lo que aprendiste sobre la escuela en la semana. ¿Por qué los niños suelen aprender la canción "Abecé" en la escuela?

Evidencia en el texto Dibuja una estrella junto a la clave que te ayuda a saber qué puedes aprender con esta canción.

Escribe La canción "Abecé" es una buena canción para la escuela porque

_____

_____

_____

_____

LECTURA ATENTA **Acuérdate**

Puedo usar estos marcos de oraciones para hablar de la canción:

La canción "Abecé" es sobre...

La cantamos para...

Abecé

A B C D E F G H I
J K L M N Ñ O P
Q R S T U V W
X Y y con Z ya acabé.

2HotBrazil/E+/Getty Images

Voy al parque

Antología de literatura: páginas 26-37

Leer juntos

¿Cómo te ayudan las ilustraciones a saber quién habla en este cuento?

COLABORA

Coméntalo Vuelve a leer las páginas 28 y 29. Observa las ilustraciones. ¿Qué personajes aparecen?

Evidencia en el texto Escribe las claves que te ayudan a comprender quién habla en este cuento.

LECTURA ATENTA **Consejo de la semana**

El texto dice...	Veo en las ilustraciones...

Escribe Por las ilustraciones, sé que quien cuenta el cuento es

_____

- -

_____

Sasha

Cuando **vuelvo a** leer, encuentro claves en las ilustraciones.

¿? ¿Qué representan las curvas blancas detrás del pajarito?

COLABORA

Coméntalo Vuelve a leer las páginas 30 y 31. Comenta lo que ves en las ilustraciones.

Evidencia en el texto Escribe claves de las palabras y de las ilustraciones que te ayudan a saber qué representan las líneas blancas.

| Las palabras dicen... | Las ilustraciones muestran... |

Las curvas muestran...

Escribe La curvas blancas representan

_____

- -

_____

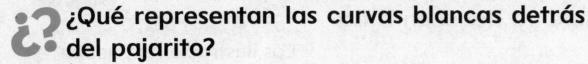

Acuérdate

Mientras vuelvo a leer, puedo usar estos marcos de oraciones para hablar del pajarito:

La autora dice que el pajarito...

La ilustradora muestra que el pajarito...

¿Qué detalles sobre el ambiente del cuento da la ilustradora?

Coméntalo Vuelve a leer las páginas 32 a 35 y comenta lo que ves. ¿Cuál es el ambiente del cuento?

Evidencia en el texto Escribe cuál es el ambiente y qué detalles muestran las ilustraciones.

Acuérdate

Las ilustraciones pueden dar detalles sobre el ambiente de un cuento.

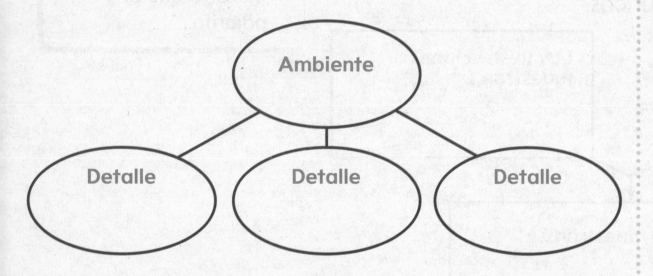

Ambiente

Detalle   Detalle   Detalle

Escribe En el ambiente del cuento hay

_____

- -

_____

Tu turno

Explica de qué modo el lugar donde vive el pajarito determina lo que le pasa. Usa los siguientes marcos de oraciones:

El pajarito vive en...

Las palabras y las ilustraciones me ayudan a saber que...

¡Conéctate!
Escribe tu respuesta en línea.

"Yo vivo aquí"

Yo vivo en el **campo**.

Vivo en una casa.

Aquí vive poca gente.

Yo vivo en la **ciudad**.

Vivo en un edificio.

Aquí vive mucha gente.

Vuelve a leer y haz anotaciones en el texto siguiendo las instrucciones.

Subraya dos detalles sobre la vida en el campo. Encierra en círculos dos detalles sobre la vida en la ciudad.

Escribe sobre las diferencias entre el campo y la ciudad.

_____

- - - - - - - - - - - - - - - - -

_____

COLABORA

Conversa acerca de la forma en que el autor compara los dos lugares.

Haz dibujos de esos lugares.

Yo vivo en el **campo**.

Juego en mi jardín.

Juego con muchos amigos.

Yo vivo en la **ciudad**.

Juego en el patio.

Juego con muchos amigos.

Subraya dos detalles acerca de la vida en la ciudad y encierra en un círculo dos detalles sobre la vida en el campo.

Compara los detalles.

Campo	Ciudad

COLABORA

Conversa con un compañero acerca de por qué el autor destaca algunas palabras en negrillas. ¿Te ayuda esto a comparar los lugares?

 ¿Por qué el autor repite "Yo vivo" en todas las páginas?

 **Acuérdate**

Puedo usar las fotos para encontrar detalles acerca de la vida en el campo y en la ciudad.

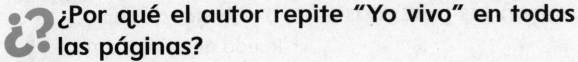

Coméntalo Conversa con un compañero acerca de los lugares en los que viven las personas del texto y lo que hacen allí.

Evidencia en el texto Escribe claves para mostrar lo que hacen los niños en el campo y la ciudad.

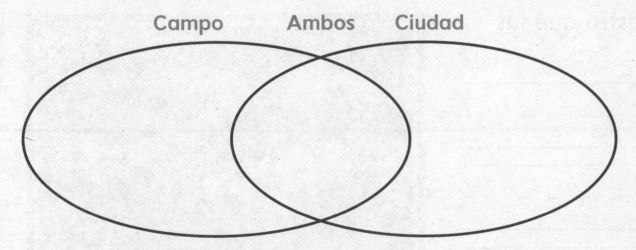

Campo   Ambos   Ciudad

Escribe El autor repite la frase "Yo vivo" porque

_____

- -

_____

¿Dónde crees que se encuentran las personas de la ilustración?

COLABORA

Coméntalo Las ilustraciones de *Voy al parque* muestran dónde vive el pajarito. ¿Qué puedes decir sobre el lugar donde están estas personas?

Evidencia en el texto Encierra en un círculo las claves que indican dónde están estas personas.

Escribe La ilustración muestra que las personas

_____

_____

_____

_____

_____

Acuérdate

Puedo describir cómo son los parques usando los siguientes marcos de oraciones:

Las personas van al parque para...

En las ciudades...

En el parque, las personas se divierten.

El pato Timoteo

Antología de literatura:
páginas 46-59

Leer juntos

¿? ¿Qué siente Tito por Timoteo? ¿Cómo lo sabes?

COLABORA

Coméntalo Vuelve a leer las páginas 52 y 53. Conversa con un compañero sobre lo que dicen las palabras y lo que muestran las ilustraciones.

Evidencia en el texto Busca claves que indiquen qué siente Tito por Timoteo.

Claves del texto	Claves de las ilustraciones

Escribe El texto y las ilustraciones muestran que Tito

_____

- -

_____

LECTURA ATENTA **Consejo de la semana**

Marco

Cuando **vuelvo a leer**, encuentro claves que me muestran cómo se sienten los personajes.

Hola Images/Getty Images

¿Qué detalles del cuento te indican que esta historia es una fantasía?

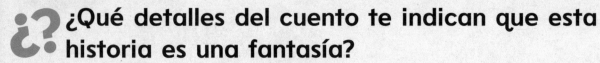

Coméntalo Vuelve a leer las páginas 56 y 57. Conversa con un compañero sobre lo que hace el pato Timoteo.

Evidencia en el texto Escribe tres detalles sobre Timoteo que indiquen que este cuento es una fantasía.

Acuérdate

Mientras vuelvo a leer, puedo usar estos marcos de oraciones para hablar sobre el cuento:

Primero, Tito...

Luego, Timoteo....

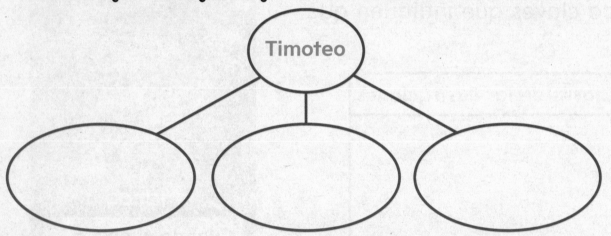

Timoteo

Escribe Sé que este cuento es una fantasía porque el pato Timoteo

_____

- -

_____

¿? **¿Cómo muestran el autor y el ilustrador la manera en que ayuda Timoteo a Tito?**

COLABORA

Coméntalo Vuelve a leer las páginas 56 a 57. Observa las ilustraciones. Comenta con un compañero qué hace Timoteo.

Evidencia en el texto Escribe paso a paso cómo ayuda Timoteo a Tito.

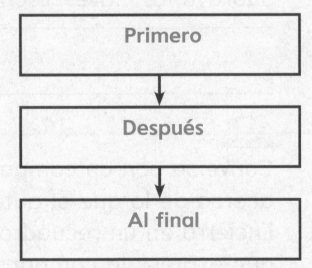

Primero

↓

Después

↓

Al final

Escribe El autor y el ilustrador muestran que Timoteo

_____

- -

_____

Acuérdate

Las ilustraciones y el texto me ayudan a saber qué hacen los personajes.

Tu turno

Escribe una fantasía sobre dos amigos: un niño y su mascota. Usa los siguientes marcos de oraciones:

El niño se llama....

La mascota es...

¡Conéctate!
Escribe tu respuesta en línea.

"Las mascotas necesitan..."

¿Qué necesitan las mascotas?

Como todos los seres vivos, las

mascotas necesitan alimento.

Algunas mascotas comen

semillas o plantas.

hámster

Vuelve a leer y haz anotaciones en el texto siguiendo las instrucciones.

¿En qué se diferencia la primera oración del resto? Encierra en un círculo las claves.

¿Qué necesitan las mascotas? Subraya las claves. Escríbelas aquí.

_____

- - - - - - - - - - - - - - - - - -

_____

COLABORA

Conversa con un compañero acerca de lo que el autor compara. Encierra en un recuadro la palabra que expresa la comparación.

Juniors Bildarchiv/age fotostock

Algunas mascotas comen carne o pescado.

Todas las mascotas necesitan agua fresca.

Las mascotas necesitan un hogar seguro.

Las mascotas necesitan amor y cuidado.

gatos

Subraya cuatro cosas que las mascotas necesitan.
Escríbelas aquí.

_____ _____
_____ _____
_____ _____
_____ _____
_____

COLABORA

Encierra en un recuadro el rótulo. Comenta cómo te ayudan los rótulos a saber más sobre un tema.

Encierra en un círculo la foto que muestra lo que nombra el rótulo.

¿Por qué "Las mascotas necesitan..." es un buen título para este texto?

COLABORA

Coméntalo Habla con un compañero sobre la pregunta de la página 18.

Evidencia en el texto Usa las claves para hallar las respuestas a la pregunta.

Página	¿Qué necesitan las mascotas?

Escribe "Las mascotas necesitan..." es un buen título para este texto porque

_____

- -

_____

¿Por qué es especial la mascota de la canción?

COLABORA

Coméntalo Comenta qué has aprendido sobre las mascotas esta semana. ¿Qué necesitan las mascotas? ¿Qué mascota se menciona en la canción?

Evidencia en el texto Subraya las claves que indican que esta canción habla de una mascota que no existe en la vida real.

Escribe La mascota de la canción

_____

_ _ _ _ _ _ _ _ _ _ _ _ _ _ _ _ _ _

_____

_ _ _ _ _ _ _ _ _ _ _ _ _ _ _ _ _ _

_____

_ _ _ _ _ _ _ _ _ _ _ _ _ _ _ _ _ _

_____

LECTURA ATENTA

Acuérdate

Puedo describir la mascota de la canción usando los siguientes marcos de oraciones:

La mascota es...

Usa...

La señora tortuguita

La señora tortuguita
se pasea por el jardín
moviendo la colita
prinpirín pin pin.
Se saca el zapato;
también el calcetín.
Se da una media vuelta
y se acuesta a dormir.

Lili y Paloma

¿Cómo te ayudan el texto y las fotos a saber qué cosas hacen juntas Lili y Paloma?

Antología de literatura: páginas 66-79

Coméntalo Observa la foto de las páginas 66–67. ¿Qué tienen Lili y Paloma?

Evidencia en el texto El texto te ayuda a saber qué hacen Lili y Paloma. Escribe en qué página está cada clave.

Lili toma la pelota.	Paloma corre. Lili Corre.	Lili sube al palo. ¡Yo también!
_____	_____	_____
Página _____	Página _____	Página _____

Escribe El texto y las fotos me ayudan a saber que Lili y Paloma

_____

_____

Penny

Cuando **vuelvo a leer**, las fotos me ayudan a comprender el texto.

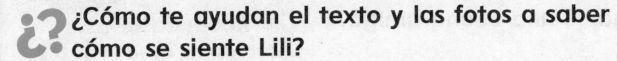

¿**Cómo te ayudan el texto y las fotos a saber cómo se siente Lili?**

COLABORA

Coméntalo Vuelve a leer las páginas 72 a 74. Observa las fotos y comenta lo que ves.

Evidencia en el texto Escribe en la tabla las claves que te ayudan a saber cómo se siente Lili.

LECTURA ATENTA

Acuérdate

Mientras vuelvo a leer, puedo usar estos marcos de oraciones para decir cómo se siente Lili:

En las fotos veo...

Las palabras dicen...

Claves de las fotos	Claves del texto

Escribe Las claves indican que Lili

_____

- -

_____

¿? ¿Cómo sabes que Paloma es una buena amiga?

COLABORA

Coméntalo Vuelve a leer las páginas 74 y 75. ¿Qué hay dentro de la caja?

Evidencia en el texto ¿Qué claves te ayudan a saber que Paloma es una buena amiga? Escríbelas en la tabla.

Páginas	Palabras	Fotos
74 y 75		

Escribe Sé que Paloma es una buena amiga porque

_____

- -

_____

Tu turno

¿Por qué Lili y Paloma cambian de juego? Usa los siguientes marcos de oraciones:

Al principio, Lili y Paloma...

Más tarde, Lili...

Luego, Paloma propone...

¡Conéctate!
Escribe tu respuesta en línea.

"Mis amigos"

¿? ¿Cómo te ayudan el texto y las ilustraciones a saber qué hacen los niños?

COLABORA

Coméntalo Vuelve a leer las páginas 82 y 83. Comenta con un compañero lo que hacen los niños.

Evidencia en el texto Escribe las claves del texto y de las ilustraciones que te ayudan a comprender lo que hacen los niños.

 **Acuérdate**

Mientras vuelvo a leer, presto atención a las palabras y las ilustraciones para encontrar claves.

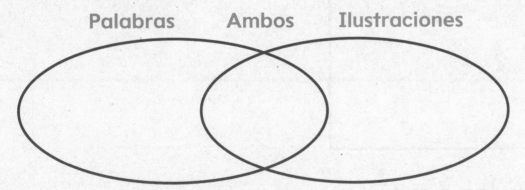

Palabras   Ambos   Ilustraciones

Escribe El texto y las ilustraciones muestran que los niños

_____

- -

_____

¿Cómo te ayudan las ilustraciones a saber dónde juegan los niños?

COLABORA

Coméntalo Observa las ilustraciones de las páginas 82 y 83. Comenta lo que ves.

Evidencia en el texto Dibuja dos elementos que usan los niños para jugar.

Acuérdate
Cuando vuelvo a leer, puedo usar este marco de oración para hablar del poema.

Los niños juegan...

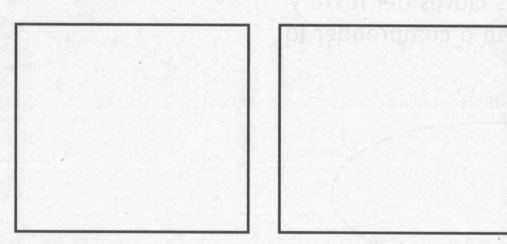

Escribe Las ilustraciones me ayudan a saber que

_____

- -

_____

 ¿Cómo te ayudan las palabras del poema a comprender cómo se siente el niño con sus amigos?

COLABORA

Coméntalo Vuelve a leer las páginas 82 y 83. ¿Qué palabras usa el niño para expresar cómo se siente con sus amigos?

Evidencia en el texto Escribe las claves que te indican cómo se siente el niño con sus amigos.

Con mis amigos

_____

_____

Tener amigos

_____

_____

Escribe Las palabras muestran que

_____

_____

¿Cómo sabes que estos niños son amigos?

COLABORA

Coméntalo Comenta lo que hacen los amigos de las lecturas de esta semana y lo que hacen los niños de la pintura.

Evidencia en el texto Encierra en un círculo las claves que indican que los niños de la pintura son amigos.

Escribe Sé que los niños son amigos porque

_____

_ _ _ _ _ _ _ _ _ _ _ _ _ _ _ _ _ _ _ _

_____

_ _ _ _ _ _ _ _ _ _ _ _ _ _ _ _ _ _ _ _

_____

_ _ _ _ _ _ _ _ _ _ _ _ _ _ _ _ _ _ _ _

_____

Acuérdate

Puedo usar marcos de oraciones para hablar sobre los niños:

Los niños...

Parecen...

Courtesy National Gallery of Art - Washington

Dos niños juegan juntos en un cerco.

¡A mover el esqueleto!

¿? ¿De qué manera el texto y las fotografías te ayudan a comprender cómo se mueven los niños?

COLABORA

Antología de literatura: páginas 84-91

Coméntalo Vuelve a leer las páginas 85 y 86. ¿Qué palabra se repite en cada página?

Evidencia en el texto Escribe las claves que te ayudan a comprender cómo se mueven los niños.

Página	Claves del texto	Claves de las fotos
85		
86		

Escribe El texto y las fotografías muestran

_____

_____

_____

Leer juntos

LECTURA ATENTA

Consejo de la semana

Rose

Cuando **vuelvo a leer**, las fotos me muestran claves de lo que leo en el texto.

juntosLeer juntos

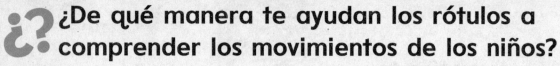

¿De qué manera te ayudan los rótulos a comprender los movimientos de los niños?

COLABORA

Coméntalo Vuelve a leer las páginas 88 y 89. ¿Por qué crees que hay rótulos?

Evidencia en el texto Busca claves en los rótulos sobre los movimientos que hacen los niños.

Parte del cuerpo	Acción
	nadar
	bailar

Escribe Los rótulos me indican

_____

_____

Acuérdate

Puedo utilizar este marco de oración para hablar sobre los rótulos:

Los rótulos me ayudan a....

Tu turno

Usa las palabras *primero, después, luego* y *al final* para describir los pasos que siguen los niños para realizar uno de los movimientos de *¡A mover el esqueleto!* Usa los siguientes marcos de oraciones:

El texto dice que...

Las fotos muestran que...

¡Conéctate!
Escribe tu respuesta en línea.

30 Unidad I • Semana 5 • ¡A movernos!

"¿Qué es un diagrama?"

Un diagrama muestra

las partes de una cosa.

Es una imagen con rótulos.

Cada rótulo nombra una parte.

aletas

cabeza

branquia

Don Farrall/Photodisc/Getty Images

Vuelve a leer y haz anotaciones en el texto siguiendo las instrucciones.

Encierra en un recuadro la palabra que describe el tema del texto.

¿Qué muestra un diagrama? Subraya la respuesta.

Escribe un rótulo que se podría agregar al diagrama del pez.

_____

- -

_____

COLABORA

Comenta con un compañero cómo pueden usarse los rótulos para obtener información.

¿Cuál sería un buen título para estos diagramas?

Coméntalo Vuelve a leer "¿Qué es un diagrama?". Comenta por qué crees que el autor muestra los rótulos que aparecen en la página.

Evidencia en el texto Busca claves que muestren en qué se parecen y en qué se diferencian el pez y la niña.

Acuérdate

Los rótulos ayudan a comprender semejanzas y diferencias.

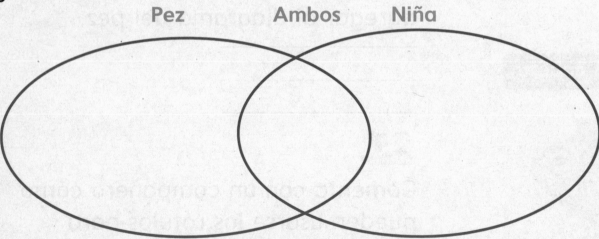

Pez   Ambos   Niña

Escribe Un buen título sería

_____

- - - - - - - - - - - - - - - - - - - -

_____

¿Qué partes del cuerpo mueven los niños para jugar al fútbol?

COLABORA

Coméntalo Comenta lo que has aprendido esta semana sobre los movimientos. ¿Qué dice el pie de foto?

Evidencia en el texto Dibuja rótulos en la foto que indiquen qué partes del cuerpo usan los niños para jugar al fútbol.

Escribe La foto y el pie de foto me ayudan a saber que los niños usan

_____

_____

_____

_____

_____

Acuérdate

Puedo usar marcos de oraciones para hablar sobre la foto:

El equipo es...

Los niños...

Los niños están listos para patear la pelota en el partido de fútbol.

El dedo de Edu

Antología de literatura: páginas 6-19

¿De qué manera la autora y la ilustradora muestran lo que le pasa a Edu?

COLABORA

Coméntalo Vuelve a leer las páginas 8 y 9. Observa las ilustraciones. ¿Qué hacen Edu y su mamá?

Evidencia en el texto Escribe claves que muestren lo que le pasa a Edu.

Claves del texto	Claves de las ilustraciones
 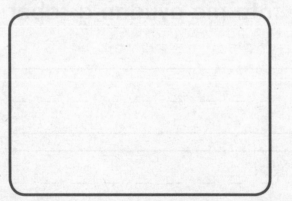

Escribe La autora y la ilustradora muestran que a Edu

_____

- -

Leer juntos

LECTURA ATENTA **Consejo de la semana**

Eva

Cuando vuelvo a leer, las ilustraciones me ayudan a encontrar detalles importantes.

¿Por qué la autora muestra las cosas que hace el doctor para curar el dedo?

Coméntalo Vuelve a leer las páginas 14-18. Conversa con un compañero sobre las cosas que hace el doctor.

Evidencia en el texto Escribe claves del texto y de las ilustraciones para describir lo que hace el doctor en cada página.

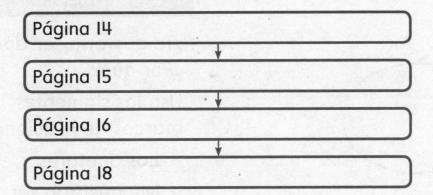

| Página 14 |
| Página 15 |
| Página 16 |
| Página 18 |

Escribe La autora quiere mostrar

_____

- -

_____

Acuérdate

Mientras vuelvo a leer, puedo usar estos marcos de oraciones para hablar de lo que hace el doctor:

Primero....

Luego, el doctor...

¿? ¿Por qué la autora dice "¡El dedo está como nuevo!" después de que el doctor cura el dedo de Edu?

Acuérdate

Puedo usar claves del texto para comprender lo que leo.

COLABORA

Coméntalo Observa la ilustración de la página 19. ¿Por qué crees que Edu le da la mano al doctor?

Evidencia en el texto Escribe dos claves del texto que indiquen qué ocurrió con el dedo de Edu.

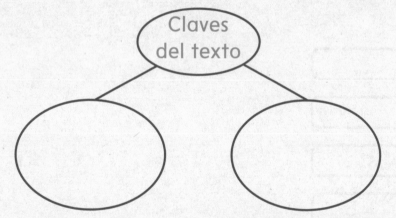

Claves del texto

Escribe La autora quiere mostrar que el problema de Edu

_____

- -

_____

Tu turno

¿Te gustaría ser doctor? ¿Por qué?

Usa los siguientes marcos de oraciones:

Los doctores...

Me gustaría ser doctor porque...

No me gustaría ser doctor porque...

¡Conéctate!
Escribe tu respuesta en línea.

"Bomberos en acción"

Suena la alarma en la estación de bomberos. Los bomberos bajan por un tubo. ¡A toda prisa se ponen la ropa para trabajar!

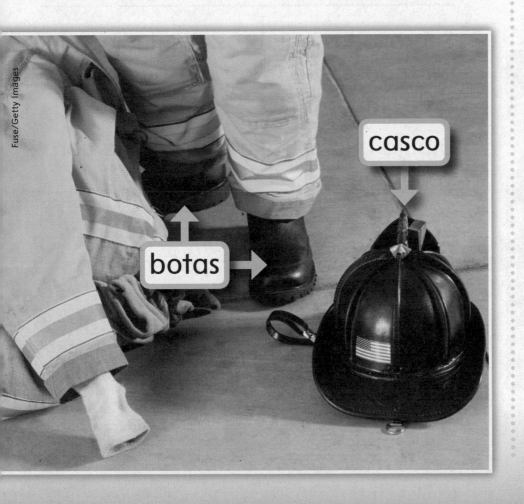

casco

botas

Vuelve a leer y haz anotaciones en el texto siguiendo las instrucciones.

Encierra en un círculo las palabras que indican cómo los bomberos saben que deben salir.

Subraya dos acciones que realizan los bomberos después de escuchar la alarma.

Coloca una estrella al lado de la frase que describe cómo se ponen la ropa los bomberos.

Encierra en un círculo los rótulos que nombran prendas de vestir especiales. Escríbelas aquí.

_____ _____

_____ _____

Los valientes bomberos se ponen a trabajar.

Usan mangueras para arrojar agua.

La ropa especial los protege.

¡Los bomberos apagan el fuego!

¿Qué usan los bomberos para apagar el fuego? Encierra en un círculo la palabra.

¿Para qué les sirven las mangueras?

_____

- -

_____

Subraya las palabras que indican para qué sirve la ropa especial de los bomberos.

Dibuja una estrella sobre la palabra *valientes*.

Comenta con un compañero por qué los bomberos son valientes.

 ¿Cómo organiza el autor la información en esta selección?

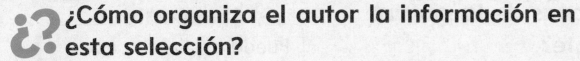

COLABORA

Coméntalo Vuelve a leer la selección. ¿Qué aprendes acerca de los bomberos en cada página?

Evidencia en el texto Usa las claves del texto y de las fotos para describir qué aprendiste primero, qué aprendiste después y qué aprendiste por último.

 Acuérdate
Puedo usar el texto y las fotos para aprender acerca del trabajo de las personas.

Primero aprendí	Después, aprendí	Por último, aprendí

Escribe El autor presenta las acciones de los bomberos

_____

- -

_____

¿Cómo sabes que las personas de la pintura hacen un trabajo importante?

COLABORA

Coméntalo Comenta lo que ves en la pintura. Piensa en cómo ayudan los bomberos a su comunidad. ¿Cómo ayudan a su comunidad las personas de la pintura?

Evidencia en el texto Cuenta cuántos trabajadores ves. Escríbelo junto a la pintura. Subraya las palabras que indican que su trabajo es importante.

Escribe Sé que el trabajo de estas personas es importante porque

_____

_____

_____

Acuérdate

Puedo explicar lo que veo en la pintura con los siguientes marcos de oraciones:

Las personas están...

El trigo es...

Estas personas recolectan trigo, un cultivo muy importante.

image courtesy National Gallery of Art

Nito, Nina y Nin aman el lodo

 ¿Cómo te ayudan las ilustraciones a saber que la casa de lodo es un buen lugar para que vivan los cerditos?

Leer juntos

COLABORA

Coméntalo Vuelve a leer las páginas 28, 29 y 30. ¿Cómo se sienten los cerditos en su casa?

Evidencia en el texto Escribe tres razones por las que la casa es un buen lugar para los cerditos.

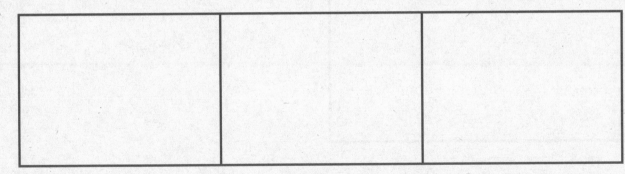

Escribe En las ilustraciones se ve que la casa

_____

- - - - - - - - - - - - - - - - - - -

_____

LECTURA ATENTA Consejo de la semana

Luis

Cuando **vuelvo a leer**, las ilustraciones me ayudan a saber más sobre los personajes y los lugares.

Andersen Ross Photography Inc/DigitalVision/Getty Images

¿Cómo sabes que a los cerditos les gusta su nueva casa de lodo?

COLABORA

Coméntalo Vuelve a leer las páginas 40 y 41. Comenta lo que ves en la ilustración.

Evidencia en el texto Busca claves en el texto y en las ilustraciones que te ayuden a saber cómo se sienten los cerditos cuando usan el lodo.

Acuérdate

Mientras vuelvo a leer, puedo usar este marco de oración para decir por qué los cerditos usan lodo:

Los cerditos usan lodo porque...

Claves del texto	Claves de las ilustraciones

Escribe Sé que están felices con su nueva casa porque

_____

_____

¿Cómo sabes que los cerditos tomaron una buena decisión al construir su nueva casa con lodo?

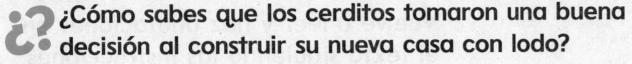

COLABORA

Coméntalo Vuelve a leer las páginas 34 y 38 y observa las ilustraciones. ¿Qué le pasa al lobo?

Evidencia en el texto Escribe claves del texto que te indiquen si al lobo le gusta el lodo.

Página 34	Página 38

Escribe Construir la casa con lodo es una buena idea porque

_____

- -

Acuérdate

Puedo sacar conclusiones sobre lo que pasa en un cuento.

Tu turno

Escribe las instrucciones para que los cerditos construyan su nueva casa. Usa los siguientes marcos de oraciones:

Primero, los cerditos deben...

Después, pueden...

Luego, tienen que...

¡Conéctate!
Escribe tu respuesta en línea.

"Casas del mundo"

Esta casa es ideal para lugares húmedos. ¡Aquí hay mucha agua! Los pilotes evitan que la casa se inunde.

Esta casa es de madera.

Vuelve a leer y haz anotaciones en el texto siguiendo las instrucciones.

Subraya la palabra que describe los lugares donde están estas casas.

Encierra en un recuadro la palabra que indica de qué material está hecha la casa de la fotografía.

Encierra en un círculo las claves de contexto que te ayudan a saber el significado de la palabra *pilotes*.

Dibuja una flecha desde la palabra *pilotes* hacia uno de los pilotes de la foto.

James Strachan/robertharding/Getty Images

Esta casa es ideal para un lugar caluroso.

¡En este lugar hay mucha arcilla!
La gente la usa para construir casas.
La arcilla mantiene la casa fresca.

Esta casa es de arcilla.

©Sylvain Grandadam/Stone/Getty Images

Subraya la palabra que describe el lugar donde está esta casa.

Encierra en un círculo la palabra que nombra el material que abunda en este lugar.

Encierra en un recuadro la oración que indica lo que hacen las personas con arcilla.

COLABORA

Conversa con un compañero acerca de lugares del mundo donde podría estar esta casa. Usa tus notas y la foto para encontrar las claves.

¿Por qué crees que "Casas del mundo" es un buen título para esta selección?

COLABORA

Coméntalo Vuelve a leer el texto. Conversa acerca de por qué cada casa es especial.

Evidencia en el texto Escribe por qué cada casa es ideal para el lugar donde está.

Acuérdate

Los pies de foto describen lo que muestran las fotos.

¿Por qué la casa de la página 45 es un buen hogar para un lugar húmedo?	
¿Por qué la casa de la página 46 es un buen hogar para un lugar caluroso?	

Escribe "Casas del mundo" es un buen título porque

_____

- -

_____

¿Cómo es el edificio de la canción?

Coméntalo ¿Cómo era la casa de los cerditos? ¿Cómo son las otras casas sobre las que has leído esta semana?

Evidencia en el texto Subraya las claves que indican cómo es el edificio de la canción.

Escribe El edificio de la canción es

_____

_____

_____

_____

_____

LECTURA ATENTA

Acuérdate

Puedo hablar de la canción usando los siguientes marcos de oraciones:

La canción cuenta...

El castillo es...

Ladrillo a ladrillo

Ladrillo a ladrillo
construyo un castillo
tan alto, tan alto,
que llega hasta el sol.

El sol, cuando llueve,
se esconde allá dentro
para no mojarse
con el chaparrón.

En la laguna

 ¿Cómo te ayudan las fotos a comprender de qué se trata esta selección?

COLABORA

Antología de literatura: páginas 48-59

Coméntalo Vuelve a leer las páginas 5I a 55. ¿Cómo crees que sería vivir en una laguna?

Evidencia en el texto Escribe las preguntas que aparecen en la página 5I. Luego, responde las preguntas usando las fotos de las páginas siguientes.

LECTURA ATENTA

Consejo de la semana

Preguntas	Respuestas
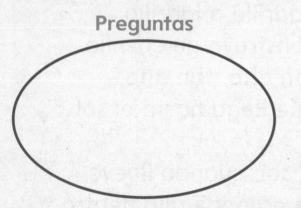	

Escribe Las fotos muestran

_____

- - - - - - - - - - - - - - - - - -

_____

Ben

Cuando **vuelvo a leer**, las preguntas del texto me ayudan a saber de qué se trata la selección.

Alexandra Pavlova/Moment Open/Getty Images

¿Por qué la autora hace preguntas pero no las responde?

Coméntalo Vuelve a leer la página 55. Conversa sobre la pregunta. Comenta cómo puedes encontrar la respuesta.

Evidencia en el texto Escribe una clave del texto y una clave de la fotografía que te ayuden a responder la pregunta.

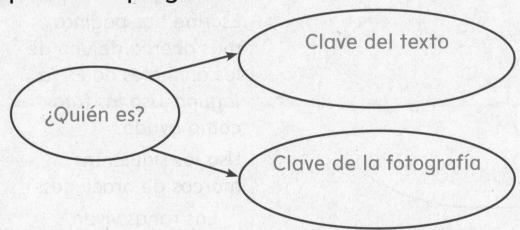

¿Quién es?

Clave del texto

Clave de la fotografía

Escribe La autora hace preguntas para que

_____

_____

_____

¿Qué información te dan el texto y las fotos acerca de los animales que viven en la laguna?

COLABORA

Coméntalo Vuelve a leer las páginas 55-57. Comenta qué animales ves.

Evidencia en el texto Anota las claves que dan las fotos y el texto acerca de los animales.

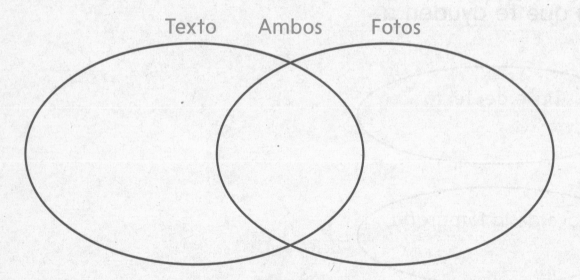

Texto   Ambos   Fotos

Escribe El texto y las fotos muestran

_____

- -

_____

Tu turno

Escribe dos páginas más acerca de uno de los animales de *En la laguna*. Usa las fotos como ayuda.

Usa los siguientes marcos de oraciones:

Las ranas viven...

Las ranas tienen...

Además, pueden....

¡Conéctate!
Escribe tu respuesta en línea.

"Mi árbol"

 ¿Sobre qué lugar habla el poema?

COLABORA

Coméntalo Vuelve a leer las páginas 62 y 63. Encuentra la palabra que se repite. ¿Por qué crees que se repite?

Evidencia en el texto Escribe las claves del texto y la ilustración que indican de qué trata el poema.

Palabras importantes

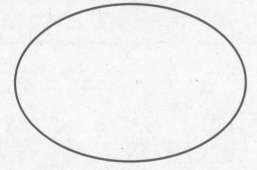

Las ilustraciones muestran...

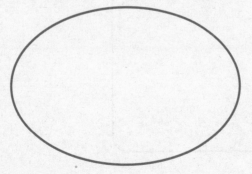

Escribe El poema es acerca de

_____

- -

_____

 **Acuérdate**

Puedo encontrar claves acerca de los lugares sobre los que se habla en un poema.

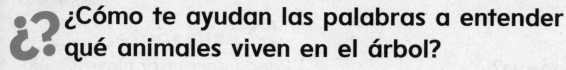

¿Cómo te ayudan las palabras a entender qué animales viven en el árbol?

COLABORA

Coméntalo Vuelve a leer las páginas 62 y 63. Observa la ilustración y comenta lo que ves.

Evidencia en el texto Escribe las palabras que te ayudan a saber quiénes viven en el árbol.

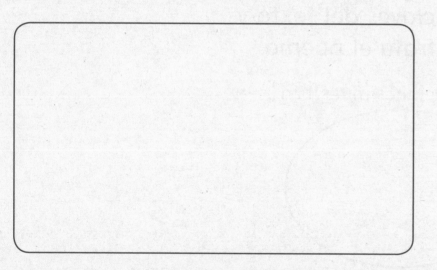

Escribe Las palabras me ayudan a saber que en el árbol

_____

- -

_____

¿? **¿Cómo te ayudan las palabras y la ilustración a saber cómo es el árbol?**

 **Acuérdate**

Puedo usar las claves del texto y de la ilustración para saber cómo es algo.

Coméntalo Vuelve a leer las páginas 62 y 63. ¿Qué muestra la ilustración acerca del árbol?

Evidencia en el texto Escribe las claves del texto y de la ilustración acerca de cómo es el árbol.

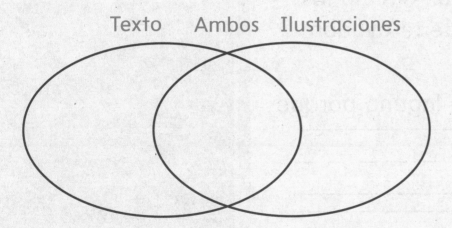

Texto   Ambos   Ilustraciones

Escribe Las palabras y la ilustración muestran que el árbol es

_____

- -

_____

¿En qué se diferencia el hogar de los animales de la pintura del hogar de los animales acuáticos?

COLABORA

Coméntalo Comenta en qué se diferencian el bosque de la pintura y la laguna sobre la que leíste esta semana.

Evidencia en el texto Encierra en un círculo las claves de la pintura y del rótulo que te ayudan a saber cómo es el bosque.

Escribe El bosque es diferente a la laguna porque

_____

- -

_____

_____

_____

- -

_____

Acuérdate

Puedo comparar usando los siguientes marcos de oraciones:

En el bosque...

En la laguna...

Algunos pájaros hacen nidos en las ramas de los árboles.

Yale University Art Gallery

Panes en el parque

 ¿? ¿Qué puedes saber sobre los personajes a partir del texto y las ilustraciones?

Coméntalo Vuelve a leer las páginas 66 a 68. ¿Qué animales se repiten en las ilustraciones?

Evidencia en el texto Escribe dos características de Lolita, Tonelón y Matilde.

Lolita	Tonelón	Matilde

Escribe El texto y las ilustraciones me indican

_____

- -

_____

Leer juntos

Antología de literatura: páginas 64-79.

Consejo de la **semana**

Robert

Cuando **vuelvo a leer**, encuentro detalles en las ilustraciones.

Jupiterimages/Pixland/Getty Images Plus/Getty Images

¿**Cómo sabes que Tonelón y Matilde se ponen contentos cuando Lolita les dice para qué es la venta de pan?**

COLABORA

Coméntalo Vuelve a leer las páginas 74 y 75. Comenta cómo se siente Tonelón cuando come pan.

Evidencia en el texto Escribe claves de las ilustraciones que te ayuden a saber qué sienten los personajes cuando ayudan.

Acuérdate

Puedo usar estos marcos de oraciones para decir cómo se sienten los personajes:

Lolita...

Tonelón y Matilde...

Después de comer el pan, Tonelón se siente

_____

Lo sé porque

_____

Matilde se siente

_____

Lo sé porque

_____

Escribe Sé que Tonelón y Matilde se sienten contentos porque

_____

- -

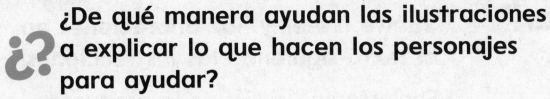 ¿De qué manera ayudan las ilustraciones a explicar lo que hacen los personajes para ayudar?

COLABORA

Coméntalo Vuelve a leer las páginas 72 y 73. Observa las ilustraciones. ¿Adónde van los personajes?

Evidencia en el texto Escribe las claves del texto que indican cuántos panes decide comer cada personaje.

Personaje	Come

Escribe Las ilustraciones muestran que los personajes deciden

_____

- -

_____

Acuérdate

Puedo saber qué hacen los personajes cuando leo lo que dicen.

Tu turno

Escribe una fantasía sobre un personaje que va a una venta de limonada. Usa los siguientes marcos de oraciones:

El personaje se llama...

Es un...

Va a...

¡Conéctate!
Escribe tu respuesta en línea.

"¡Los niños pueden ayudar!"

¿Qué pueden hacer los niños en el vecindario?

¡Pueden ayudar a hacer una huerta! Es divertido sembrar semillas y cuidarlas para que crezcan.

Vuelve a leer y haz anotaciones en el texto siguiendo las instrucciones.

Encierra en un círculo la pregunta.

Subraya la respuesta.

Escribe dos cosas que los niños pueden hacer en una huerta.

_____

- - - - - - - - - - - - - - - - - - -

_____

- - - - - - - - - - - - - - - - - - -

_____

Norma Jean Gargasz/Alamy Stock Photo

Los niños pueden ayudar a limpiar el patio de juegos. Pueden ayudar a juntar la basura. Pueden reciclar latas y botellas.

Cuando reciclamos, limpiamos el vecindario. Cuando reciclamos, también ayudamos al planeta.

Ariel Skelley/Blend Images/Getty Images

Encierra en un círculo el nombre de otro lugar donde los niños pueden ayudar.

Escribe dos cosas que los niños pueden hacer para ayudar.

_____

_____

Subraya dos motivos por los que es bueno reciclar.

COLABORA

Comenta con un compañero por qué es importante reciclar.

¿**Cómo te ayudan las fotos a comprender cómo los niños pueden ayudar?**

COLABORA

Coméntalo Conversa acerca de cómo podrías ayudar en tu comunidad.

Evidencia en el texto Usa claves de las fotos para escribir ideas sobre el texto.

Página 83	
Página 84	

Escribe Las fotos muestran que los niños

_____

_____

¿? **¿Cómo ayuda el pequeño niño azul cuando está despierto?**

COLABORA

Coméntalo Comenta cómo pueden los niños ayudar en su comunidad. ¿Cómo ayudaban los personajes de las lecturas de esta semana?

Evidencia en el texto Encierra en un círculo las claves que te ayudan a saber cuál es la tarea del niño.

Escribe El pequeño niño azul

_____

_ _ _ _ _ _ _ _ _ _ _

_____

_ _ _ _ _ _ _ _ _ _ _

_____

LECTURA ATENTA
Acuérdate

Puedo describir cómo ayuda el pequeño niño azul usando los siguientes marcos de oraciones:

El pequeño niño azul ayuda...

Otros niños ayudan...

El pequeño niño azul

Pequeño niño azul, ven, toca tu trompeta.

Las ovejas, en el prado. La vaca, en el campo de maíz.

¿Dónde está el pequeño niño que cuida la oveja?

Está debajo del heno, durmiendo.

Mapas divertidos

Leer juntos

¿? **¿Cómo te ayudan los títulos de los mapas a saber lo que muestran?**

Antología de literatura: páginas 86-93

COLABORA

Coméntalo Vuelve a leer las páginas 87 y 88. Comenta los títulos y lo que muestran los mapas.

Evidencia en el texto Observa los títulos y las ilustraciones para saber qué muestra cada mapa.

Consejo de la semana

LECTURA ATENTA

Título	Lo que ves	Lugar
El cuarto de Felipe		
Ciudad Villanueva		

Escribe Los títulos de los mapas me ayudan a saber

_____

- -

_____

María

Cuando **vuelvo a leer**, puedo usar las claves del mapa para saber qué lugar se muestra.

Tetra Images/Getty Images

¿Cómo te ayuda la clave del mapa a comprenderlo mejor?

COLABORA

Coméntalo Vuelve a leer las páginas 90 y 91. Comenta lo que ves en la clave del mapa. ¿En qué otro lugar de la página aparecen esos elementos?

Evidencia en el texto Usa la clave para escribir qué elementos aparecen en el mapa.

En el mapa se muestra...

Escribe La clave del mapa me ayuda a

_____

_____

Acuérdate

Puedo usar estos marcos de oraciones para hablar sobre los mapas:

Algunos mapas...

La clave del mapa indica...

Tu turno

¿Por qué el autor usa diferentes tipos de mapas? ¿Cómo te ayuda esto a comprender mejor los mapas? Usa los siguientes marcos de oraciones:

El autor usa mapas...

En un mapa muestra...

En otro mapa muestra...

¡Conéctate!
Escribe tu respuesta en línea.

"¿Norte, Sur, Este u Oeste?"

Los mapas muestran lugares. Para llegar a esos lugares, seguimos una dirección. Norte, Sur, Este y Oeste son direcciones.

Vuelve a leer y haz anotaciones en el texto siguiendo las instrucciones.

Encierra en un círculo la palabra que indica qué muestran los mapas.

Subraya las cuatro palabras que indican direcciones.

Escríbelas aquí.

_____   _____

_____   _____

_____   _____

_____   _____

Encierra en un recuadro la frase que indica para qué sirven las direcciones.

Illustration: Steven Mach

Illustration: Steven Mach

Dibuja una estrella en la clave del mapa.

Encierra en un círculo la flecha que indica dónde está el Norte.

Encierra en un recuadro el animal que está más cerca del Este.

Encierra en un triángulo el animal que está más cerca del Sur.

COLABORA

Comenta con un compañero si las sillas están al Norte o al Sur de la heladería.

¿En qué se parecen los mapas de ciudades y los mapas de constelaciones de estrellas?

COLABORA

Coméntalo Comenta qué indicaciones suelen incluir los mapas de ciudades.

Evidencia en el texto Subraya las claves que te ayudan a saber en qué se parecen los mapas de ciudades y los mapas de constelaciones.

Escribe Los dos tipos de mapas muestran

_____

_____

_____

_____

_____

Acuérdate

Puedo usar estos marcos de oraciones:

Los mapas...

Los mapas de constelaciones...

En este mapa de constelaciones, los puntos indican dónde están las estrellas. Las líneas muestran figuras que permiten recordar grupos de estrellas. Las palabras indican los nombres de las constelaciones.

McGraw-Hill Education

Renata y los días de la semana

¿? ¿Por qué crees que este cuento se llama *Renata y los días de la semana*?

Antología de literatura:
páginas 6-17

COLABORA

Coméntalo Vuelve a leer las páginas 9 a 11. ¿Qué se cuenta en cada página?

Evidencia en el texto Completa la tabla con lo que ocurre en cada página.

Consejo de la semana

	Se cuenta...
Página 9	
Página 10	
Página 11	

Escribe El cuento se llama así porque

_____

_____

Luke

Cuando vuelvo a leer, presto atención a los detalles.

¿? ¿**Quién cuenta este cuento, uno de los personajes o un narrador?**

COLABORA

Coméntalo Vuelve a leer las páginas 10 a 13. Piensa en las palabras que se usan para hablar de Renata y su familia.

Evidencia en el texto Encierra en un círculo la opción correcta.

Se usan palabras como *yo, mi, me*.	No se usan palabras como *yo, mi, me*.
Solo se usan verbos en tercera persona.	Se usan verbos en primera persona.

Escribe Quien cuenta el cuento es

_____

- -

_____

¿? **¿Cómo sabes que este es un cuento de fantasía?**

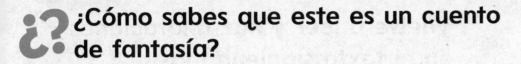

COLABORA

Coméntalo Vuelve a leer las páginas 8 y 9. Observa las ilustraciones. ¿En qué se parece la familia de Renata a una familia de personas?

Evidencia en el texto Escribe tres cosas que hace Renata que no hacen los perros en la vida real.

LECTURA ATENTA

Acuérdate

El texto y las ilustraciones dan pistas para saber si el cuento es realista o de fantasía.

Tu turno

Escribe cuatro páginas nuevas para el cuento. Cuenta qué sucede otra semana.

Usa los siguientes marcos de oraciones:

El lunes...

El martes...

¡Conéctate!
Escribe tu respuesta en línea.

Escribe Sé que este cuento es una fantasía porque

"¡Ya es hora!"

Algunos relojes tienen agujas.

Las agujas señalan los números.

Algunos relojes solo tienen números.

Todos los relojes te dicen

la hora y los minutos.

En una hora hay 60 minutos.

En un minuto hay 60 segundos.

Vuelve a leer y haz anotaciones en el texto siguiendo las instrucciones.

Subraya la oración que indica para qué sirven los relojes.

Encierra en un círculo lo que señalan las agujas.

¿Cuántos segundos hay en un minuto? Escribe aquí la respuesta.

_____

- - - - - - - - - - - - - - - - - - - -

_____

COLABORA

Comenta con un compañero qué tipos de relojes hay y en qué se diferencian. Encierra en un recuadro las claves en las imágenes.

Hace mucho tiempo no había relojes con agujas. Para saber la hora se usaban relojes de sol.

Este reloj marcaba la hora con el movimiento del sol. El sol formaba una sombra que indicaba la hora. Pero el reloj de sol no mostraba los minutos. ¿Qué hora indica el reloj de la foto?

Encierra en un recuadro las palabras que indican qué se usaba antes para saber la hora.

Subraya la oración que indica cómo el reloj de sol marcaba la hora.

Encierra en un círculo la parte de la foto que muestra la hora.

David J. Green/Alamy

¿Por qué el autor escribió "¡Ya es hora!"?

Coméntalo Vuelve a leer el texto. Comenta lo que ves en cada página.

Evidencia en el texto Usa tus notas para encontrar claves acerca de por qué el autor escribió el texto.

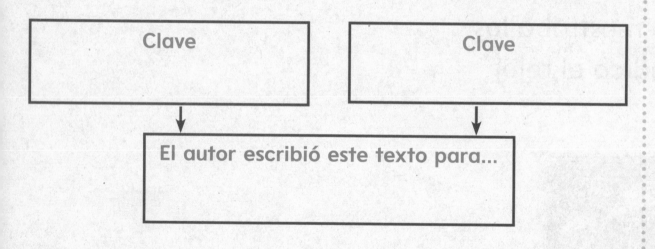

Clave	Clave

El autor escribió este texto para...

Escribe El autor escribió este texto para hablar de

_____

- -

_____

Acuérdate

Puedo usar claves del texto y las fotos para saber por qué el autor escribió el texto.

¿Qué cosas hacemos por la mañana?

COLABORA

Coméntalo Comenta en qué se parecen la canción y "¡Arriba, Ramona!".

Evidencia en el texto Encierra en un círculo dos claves de la canción que indican que es de mañana.

Escribe Por la mañana,

_____

_____

_____

_____

_____

LECTURA ATENTA
Acuérdate

Puedo decir de qué trata la canción usando estos marcos de oraciones:

Juan tiene que....

Pero....

Arriba, Juan

—Arriba, Juan. Arriba, Juan.
Ya cantó el gallito.
—Ay, no, mamá. Ay, no, mamá.
Es muy tempranito.

—Arriba, Juan. Arriba, Juan.
Vamos a la escuela.
—Ay, no, mamá. Ay, no, mamá.
Me duele la muela.

La yuca de Anahí

Antología de literatura:
páginas 24-39

¿? **¿Qué emociones de los personajes transmiten los signos de exclamación?**

COLABORA

Coméntalo Vuelve a leer las páginas 27 a 29. Busca oraciones con signos de exclamación. Comenta qué indican esos signos sobre el modo en que se sienten los personajes.

Evidencia en el texto Escribe las oraciones con signos de exclamación. Luego, escribe cómo se sienten los personajes.

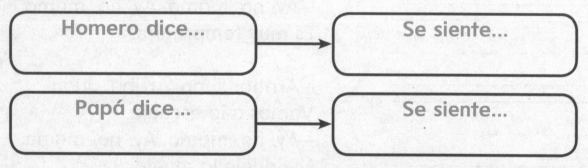

| Homero dice... | → | Se siente... |
| Papá dice... | → | Se siente... |

Escribe Los signos de exclamación indican

_____

- - - - - - - - - - - - - - - - - - -

_____

Consejo de la semana

Elizabeth

Cuando vuelvo a leer, presto atención a los signos de puntuación.

¿Qué información obtenemos gracias al narrador? ¿Qué aprendemos de lo que dicen los personajes?

COLABORA

Coméntalo Vuelve a leer las páginas 27 a 31. ¿Qué dice el narrador? ¿Qué dicen los personajes?

Evidencia en el texto Usa claves del texto para escribir qué tipo de información da el narrador y cuál los personajes.

LECTURA ATENTA

Acuérdate

Cuando **vuelvo a leer**, me pregunto qué sucede en el cuento y qué sienten los personajes.

El narrador cuenta...	Los personajes cuentan...

Escribe El narrador

_____

_____

¿? **¿Cómo te ayudan los diálogos a conocer mejor a Ratita?**

COLABORA

Coméntalo Vuelve a leer las páginas 36 y 37. ¿Qué dicen los personajes acerca de Ratita? ¿Qué dice Ratita?

Evidencia en el texto Escribe lo que dicen los personajes sobre Ratita.

Lo que dicen...	Me ayuda a saber que...
Homero:	
Ratita:	
Anahí:	

Escribe Los diálogos me ayudan a saber

_____

- -

_____

🔍 **Acuérdate**

Los diálogos ayudan a comprender cómo son los personajes.

Tu turno

¿Qué otra cosa podría decir Ratita? Escribe más líneas de diálogo para Ratita al final del texto. Usa los siguientes marcos de oraciones:

Soy pequeña pero...

Quiero...

¡Conéctate!
Escribe tu respuesta en línea.

Leer juntos

"Cómo crecen las plantas"

Cuando se siembra la semilla, sale una raíz que entra en el suelo. La raíz sostiene la planta.

Para seguir creciendo, la planta necesita agua.

El tallo crece hacia arriba desde la semilla.

Cuando sale del suelo, se llama brote.

Del tallo crecen hojas verdes.

Nic Miller/Organics image library/Alamy

Vuelve a leer y haz anotaciones en el texto siguiendo las instrucciones.

Subraya lo que sucede cuando se siembra una semilla.

Encierra en un círculo una de las funciones de la raíz.

¿Cómo se llama el tallo cuando sale del suelo? Escribe la respuesta.

_____

- - - - - - - - - - - - - - - - - - - -

_____

¿Qué crece del tallo? Observa la foto y encierra la respuesta en un círculo.

Con el tiempo, la planta florece.

¡Le salen flores hermosas!

Después, dará frutos, como esta calabaza. La planta de calabaza da muchos frutos.

Dentro del fruto hay semillas.

Si siembras las semillas, de ellas crecerán plantas nuevas.

Encierra en un círculo la palabra que indica qué sale cuando la planta florece.

Subraya las palabras que dicen qué ocurre después de que la planta florece.

¿Qué hay dentro de los frutos? Encierra la respuesta en un recuadro.

COLABORA

¿Qué ocurrirá con la flor y el fruto de la fotografía? Coméntalo con un compañero.

fruto

flor

¿Cómo está organizada la información en este texto?

Coméntalo Vuelve a leer "Cómo crecen las plantas". Comenta cómo están organizados los detalles en el texto.

Evidencia en el texto Escribe qué aprendiste primero, luego y por último.

Primero	Luego	Por último

Escribe La información del texto está organizada

_____

- -

_____

¿? **¿Qué título le darías a esta pintura?**

COLABORA

Coméntalo Comenta lo que has aprendido esta semana sobre la vida de las plantas. ¿Qué etapas de la vida de una planta ves en la pintura?

Evidencia en el texto Encierra en un círculo las claves de la pintura y del rótulo que indican cómo es la vida de un granado.

Escribe Un buen título para la pintura es

_____

_ _ _ _ _ _ _ _ _ _ _ _ _ _ _ _ _ _ _

_____

_ _ _ _ _ _ _ _ _ _ _ _ _ _ _ _ _ _ _

_____

_____

_ _ _ _ _ _ _ _ _ _ _ _ _ _ _ _ _ _ _

_____

La pintura muestra semillas de granado, una planta, flores y frutos.

LECTURA ATENTA **Acuérdate**

Puedo describir cómo crece una planta usando los siguientes marcos de oraciones:

Primero, la semilla...

Luego, la planta...

Más tarde, el fruto...

Leer juntos

Juguemos en el bosque

Antología de literatura:
páginas 46-57

¿Por qué crees que se repiten algunas frases en el texto?

Coméntalo Vuelve a leer las páginas 49 a 56. ¿Qué hacen las ovejas? ¿Qué dicen? ¿Qué hace el lobo mientras tanto?

Evidencia en el texto Escribe lo que hacen y dicen el lobo y las ovejas.

	Qué dicen	Qué hacen
Ovejas		
Lobo		

Escribe Se repiten algunas frases para mostrar

_____

- -

_____

Consejo de la semana

Anna

Cuando **vuelvo a leer**, pienso en las frases que se repiten para comprender el patrón.

¿Cómo muestran las ilustraciones el patrón del cuento?

COLABORA

Coméntalo Vuelve a leer las páginas 49 a 56. Comenta lo que ves en las ilustraciones.

Evidencia en el texto Escribe qué hacen el lobo y las ovejas en las diferentes ilustraciones.

Acuérdate

Las ilustraciones dan pistas sobre el patrón del cuento.

Lobo:	Ovejas:

Escribe Las ilustraciones muestran

_____

_____

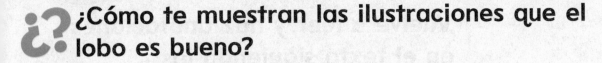

¿Cómo te muestran las ilustraciones que el lobo es bueno?

Coméntalo Vuelve a leer las páginas 56 y 57. ¿Cómo se sienten las ovejas cuando ven al lobo? ¿Cómo se sienten al final?

Evidencia en el texto Completa la tabla con las claves del texto y las ilustraciones.

	Texto	Ilustraciones
Página 56		
Página 57		

Escribe Las ilustraciones y el texto muestran que

_____

- -

_____

LECTURA ATENTA

Acuérdate

Puedo encontrar claves en el texto y las ilustraciones para saber qué ocurre en el cuento.

Tu turno

Imagina que el lobo no quisiera asustar a las ovejas. Luego, escribe un nuevo final para el cuento. Usa los siguientes marcos de oraciones:

Las ovejas juegan en...

Primero,...

Cuando termina, el lobo... y luego...

¡Conéctate!
Escribe tu respuesta en línea.

"A la rueda, rueda"

A la rueda, rueda,

de pan y canela,

vístete pronto

y ve para la escuela.

Vamos a cantar,

también a dibujar.

Vuelve a leer y haz anotaciones en el texto siguiendo las instrucciones.

Encierra en un círculo la palabra que rima con *canela*.

Subraya la oración que describe lo que los niños harán en la escuela.

A la rueda, rueda

Ronda tradicional

Allegro assai

A la rue - da, rue - da, de pan y ca - ne - la

vís - te - te pron - to y ve pa - ra la es - cue - la.

Va - mos a can - tar, tam - bién a di - bu - jar.

"En el aire"

En el aire me mantengo,

una cuerda me sostiene,

y la cola que yo tengo

la debo a quien me mantiene.

(la cometa)

Adivinanza tradicional

Illustration: Macarena Ortega

Encierra en un círculo la palabra que rima con *sostiene*.

Encierra en un recuadro la respuesta a la adivinanza y escríbela aquí.

_____

_____

Subraya las palabras de la adivinanza que indican partes de una cometa.

COLABORA

Comenta con un compañero qué claves te ayudan a adivinar la respuesta.

 ¿De qué manera las ilustraciones te ayudan a comprender la canción y la adivinanza?

COLABORA

Coméntalo Vuelve a leer la canción y la adivinanza. Observa las ilustraciones. ¿Cómo se relacionan el texto y las ilustraciones?

Evidencia en el texto Escribe qué ilustraciones te ayudan a comprender el texto en cada caso y por qué.

 LECTURA ATENTA
Acuérdate
En las ilustraciones encuentro claves para resolver las adivinanzas.

Páginas 60 y 61	Página 64

Escribe Las ilustraciones me ayudan

_____

- -

_____

¿Cuál es el propósito de los cuentos folclóricos?

COLABORA

Coméntalo Conversa con un compañero sobre los cuentos folclóricos de esta semana. ¿Qué tipo de personajes aparecen en *Juguemos en el bosque*?

Evidencia en el texto Encierra en un círculo las claves de la ilustración y del pie de ilustración que te ayudan a saber de qué trata el cuento.

Escribe El propósito de los cuentos folclóricos es

_____

_ _ _ _ _ _ _ _ _ _ _ _ _ _ _ _ _ _

_____

_ _ _ _ _ _ _ _ _ _ _ _ _ _ _ _ _ _

_____

LECTURA ATENTA

Acuérdate

Puedo describir el cuento con estos marcos de oraciones:

Los personajes...

El cuento enseña...

Ilustración de un cuento sobre una carrera entre una tortuga y una liebre. La tortuga gana. "Despacio y con constancia ganas la carrera", dice la tortuga.

Ivy Close Images/Alamy

Antes y ahora

 ¿Por qué la autora hace una pregunta en la primera página y la responde?

Antología de literatura: páginas 66-79

COLABORA

Coméntalo Vuelve a leer la página 68. Comenta la pregunta y la respuesta del primer párrafo.

Evidencia en el texto Escribe qué información obtienes con la respuesta.

 **LECTURA ATENTA** **Consejo de la semana**

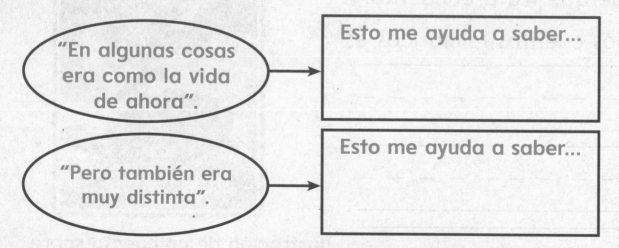

"En algunas cosas era como la vida de ahora".

→ Esto me ayuda a saber...

"Pero también era muy distinta".

→ Esto me ayuda a saber...

Mateo

Cuando **vuelvo a leer**, las preguntas y las respuestas me ayudan a saber de qué trata el texto.

Escribe La pregunta y la respuesta indican

_____

- -

_____

¿Cómo te ayudan las fotos a comprender la información del texto?

Coméntalo Vuelve a leer las páginas 70 y 71. Comenta lo que ves en las fotos.

Evidencia en el texto Usa claves del texto para indicar qué muestran las fotos.

Acuérdate

Las fotos brindan más información sobre el tema del texto.

Página 70:

Página 71:

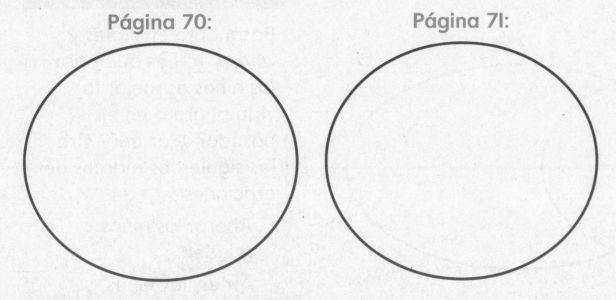

Escribe Las fotos muestran

_____

- -

_____

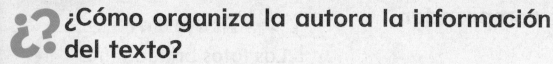

¿Cómo organiza la autora la información del texto?

Coméntalo Vuelve a leer las páginas 72 y 73. Comenta de qué trata cada página.

Evidencia en el texto Escribe lo que aprendiste del texto y de las fotos.

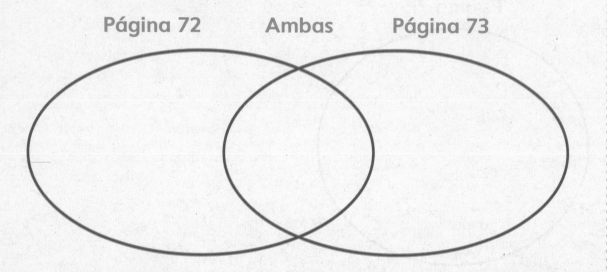

Página 72   Ambas   Página 73

Escribe La autora

_____

- -

_____

Acuérdate
Uso los detalles para comparar.

Tu turno

Basándote en *Antes y ahora*, ¿crees que para los niños es mejor la vida ahora o en el pasado? ¿Por qué? Usa los siguientes marcos de oraciones:

Ahora, los niños pueden...

Antes, los niños podían...

Creo que es mejor...

¡Conéctate!
Escribe tu respuesta en línea.

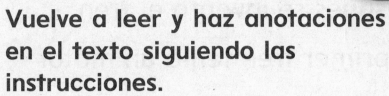

"Del caballo al avión"

Hoy viajamos en carros, aviones y trenes. En el pasado no había tantos medios de transporte. Antes de que se inventara el motor, la gente viajaba a pie o a caballo.

Vuelve a leer y haz anotaciones en el texto siguiendo las instrucciones.

Subraya las palabras que indican medios de transporte actuales.

Escribe las palabras que indican cómo viajaban antes las personas.

_____

- -

_____

- -

_____

COLABORA

Conversa con un compañero acerca de los detalles de la foto que no se mencionan en el pie de foto.

Después se inventó el tren.
El primer tren tenía un motor
a vapor. ¡Y era mucho más
rápido! Antes del tren, recorrer
cien kilómetros llevaba días.
Con el tren fue posible hacerlo
en unas horas.

Encierra en un recuadro la palabra que indica de qué trata esta página.

Encierra en un círculo el detalle de la foto que te ayuda a comprender que se muestra un tren a vapor.

Subraya la oración que indica qué cambió con el tren.

COLABORA

Conversa con un compañero acerca de cómo viajaban las personas antes de la invención del tren.

 ¿Cómo te ayuda el título "Del caballo al avión" a saber de qué se trata el texto?

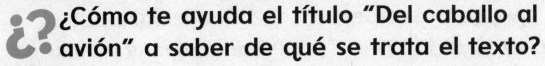

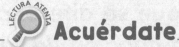
Acuérdate

El título me ayuda a saber de qué se trata el texto.

Coméntalo Vuelve a leer el texto. Comenta la información de cada página.

Evidencia en el texto Escribe los diferentes medios de transporte que se usaron a través del tiempo.

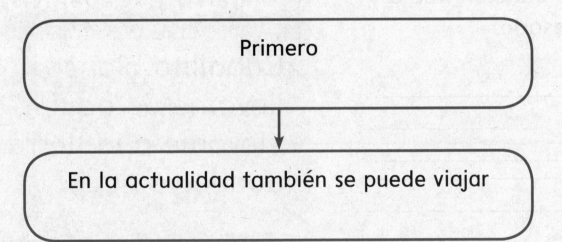

Primero

En la actualidad también se puede viajar

Escribe El título me indica que aprenderé sobre

_____

- -

_____

¿En qué se diferencia la vida que se describe en la canción de la vida en la actualidad?

COLABORA

Coméntalo Comenta lo que has aprendido sobre el modo en que se transportan las personas en "Del caballo al avión". ¿Qué relación ves con la canción?

Evidencia en el texto Encierra en un círculo las claves que indican que la canción habla de cómo era la vida en el pasado.

Escribe En la actualidad

_____

_____

_____

_____

_____

Acuérdate

LECTURA ATENTA

Puedo comparar usando marcos de oraciones:

En la canción...

En la actualidad...

Leer juntos

Caballito blanco

Caballito blanco,
llévame de aquí.
Llévame a la tierra
donde yo nací.

Photo 24/age fotostock

Leer juntos

De las vacas para ti

¿Cómo te ayudan las fotos a comprender la información?

Antología de literatura:
páginas 86-93

COLABORA

Coméntalo Vuelve a leer las páginas 88 y 89. Comenta lo que ves en las fotos.

Evidencia en el texto Escribe la información que muestra cada foto.

 **Consejo** de la semana

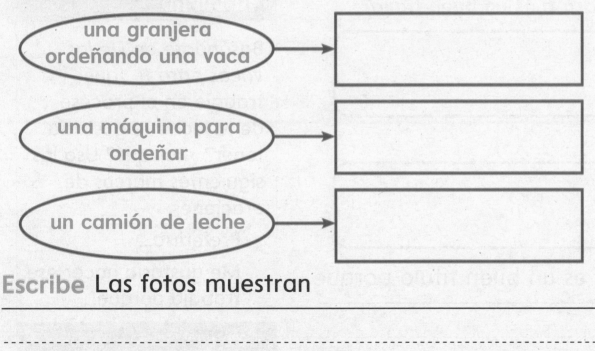

una granjera ordeñando una vaca	→	
una máquina para ordeñar	→	
un camión de leche	→	

Lisa

Escribe Las fotos muestran

_____

- -

_____

Cuando **vuelvo a leer**, miro las fotos para comprender lo que leo.

Westend61/Getty Images

¿Por qué *De las vacas para ti* **es un buen título para esta selección?**

Acuérdate

Cuando vuelvo a leer, presto atención al título.

Coméntalo Vuelve a leer las páginas 88 a 91. Comenta por qué el título es adecuado para el texto.

Evidencia en el texto Escribe detalles sobre el tema de la selección. Explica por qué *De las vacas para ti* es un buen título.

¿Por qué *De las vacas para ti* es un buen título?

Escribe *De las vacas para ti* es un buen título porque

_____

- -

_____

Tu turno

Basándote en *De las vacas para ti*, ¿qué trabajo en el proceso de la leche te gustaría tener? ¿Por qué? Usa los siguientes marcos de oraciones:

Preferiría...

Me gustaría hacer ese trabajo porque...

¡Conéctate!
Escribe tu respuesta en línea.

"Tabla de alimentos"

Cinco grupos de alimentos

Lácteos	Cereales	Frutas
leche	pan	manzanas
queso	cereales	bananas
mantequilla	pastas	naranjas

Verduras	Proteínas
lechuga	huevos
zanahorias	nueces
brócoli	carne

Encierra en un círculo las proteínas.

Escribe una proteína aquí.

_____

- - - - - - - - - - - - - - - - -

_____

Escribe los tres cereales que se muestran en la tabla.

_____

- - - - - - - - - - - - - - - - -

_____

_____

_____

- - - - - - - - - - - - - - - - -

_____

COLABORA

Comenta con un compañero qué alimentos comen a diario. ¿Llevan una dieta saludable?

¿Por qué crees que el autor incluye en el texto la tabla de alimentos?

Acuérdate

Cuando vuelvo a leer, puedo observar cómo las tablas complementan la información del texto.

Coméntalo Vuelve a leer las páginas 94 y 95. Comenta la información que ves en la tabla de alimentos.

Evidencia en el texto Escribe una lista de razones por las que crees que una tabla es una buena forma de brindar información.

¿Para qué sirve la tabla de alimentos?

Escribe El autor usa la tabla de alimentos porque _____

_____

_____

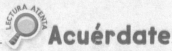

¿Cómo te ayuda la pintura a saber de dónde vienen los alimentos?

COLABORA

Coméntalo Comenta lo que aprendiste sobre el proceso de la leche en *De las vacas para ti*. ¿Qué relación ves con el proceso de las aceitunas?

Evidencia en el texto Encierra en un círculo las claves de la pintura y del rótulo que te ayudan a saber de dónde vienen las aceitunas.

Escribe Los alimentos que comemos

_____

– –

_____

_____

_____

_____

Acuérdate

Puedo comparar usando los siguientes marcos de oraciones:

En *De las vacas para ti*...

En la pintura...

Leer juntos

Trabajadores recolectando aceitunas.

La hormiga y la paloma

Antología de literatura: páginas 10-25.

 ¿Cómo muestran el texto y las ilustraciones lo que hacen Hormiga y Paloma que no pueden hacer los animales reales?

COLABORA

Coméntalo Vuelve a leer las páginas 16 a 19. ¿Qué hacen Hormiga y Paloma?

Evidencia en el texto Escribe claves del texto y las ilustraciones que muestran qué hacen Hormiga y Paloma que no pueden hacer los animales reales.

Texto	Ilustraciones

Escribe El texto y las ilustraciones muestran que Paloma y Hormiga

_____

- -

_____

Ana

Cuando **vuelvo a leer**, las ilustraciones y el texto me ayudan a comprender cómo son los personajes.

¿? ¿Cómo ayuda Hormiga a Paloma?

COLABORA

Coméntalo Vuelve a leer las páginas 20 a 23. Observa las ilustraciones y comenta lo que ves.

Evidencia en el texto Escribe qué problema tiene Paloma y cómo la ayuda Hormiga.

Acuérdate

Cuando vuelvo a leer, puedo usar los siguientes marcos de oraciones para hablar de las acciones de los personajes:

Primero, Hormiga...

Luego...

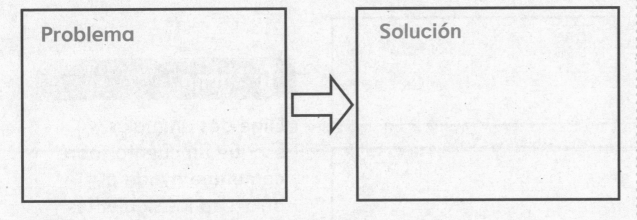

Problema	Solución

Escribe Para ayudar a Paloma,

_____

- - - - - - - - - - - - - - - - - - -

_____

¿Cuál es el propósito de la autora?

COLABORA

Coméntalo Vuelve a leer las páginas 24 y 25. Observa las ilustraciones y comenta lo que ves.

Evidencia en el texto Escribe las claves del texto y las ilustraciones que te ayudan a comprender el propósito de la autora.

Clave

Clave

Propósito de la autora

Escribe El propósito de la autora es

_____

- -

_____

Acuérdate

Puedo buscar claves para comprender el propósito del autor.

LECTURA ATENTA

Tu turno

Elige dos animales y escribe un cuento sobre cómo uno ayuda al otro. Usa los siguientes marcos de oraciones:

Primero...

Luego...

¡Conéctate!
Escribe tu respuesta en línea.

"Murciélagos, murciélagos y ¡más murciélagos!"

Parte del cuerpo	Murciélago	Ave
orejas	orejas enormes para escuchar en la noche	dos pequeños oídos sin orejas
cobertura	pelaje (pelo)	plumas
alas	dos alas con una capa de piel; 4 dedos y un pulgar en cada ala	dos alas con plumas
patas	dos patas cortas con garras	dos patas largas con garras
hocico	hocico grande de distintas formas y tamaños	sin hocico, pero con pico

En la tabla de arriba verán en qué se parecen y en qué se diferencian un murciélago y un ave.

Vuelve a leer y haz anotaciones en el texto siguiendo las instrucciones.

Subraya la oración que indica para qué sirve la tabla.

Escribe los nombres de los animales que se comparan en la tabla.

_____ _____

------------------ ------------------

_____ _____

COLABORA

Conversa con un compañero acerca de por qué los murciélagos y las aves son diferentes. Encierra en un rectángulo la parte de la tabla en la que se comparan las alas de ambos.

Los murciélagos anidan en cuevas y árboles. Muchos murciélagos viven juntos en un mismo nido. De día, los murciélagos se quedan en el nido y duermen. Les gusta dormir suspendidos cabeza abajo.

Kay Maeritz/age fotostock

Encierra en un círculo las dos palabras que indican dónde anidan los murciélagos. Escríbelas aquí.

_____   _____

----------------------   ----------------------

_____   _____

Escribe cómo les gusta dormir a los murciélagos.

_____

_____

COLABORA

Conversa con un compañero sobre lo que hacen los murciélagos durante el día.

¿Cómo ayuda la forma en la que el autor organiza el texto a comprenderlo?

COLABORA

Acuérdate

Mientras leo, puedo tomar notas de lo que dice el texto.

Coméntalo Vuelve a leer el texto. Comenta cómo te ayuda la tabla a saber más sobre los murciélagos y las aves.

Evidencia en el texto Escribe lo que aprendiste sobre los murciélagos en cada fila de la tabla.

Parte del cuerpo	Lo que aprendí
orejas	
cobertura	
alas	
patas	
hocico	

Escribe El autor usa la tabla para ayudarme a saber

_____

- -

_____

¿Qué característica del cuerpo de la liebre polar le permite mantenerse a salvo?

Acuérdate

Puedo hablar sobre el cuerpo de la liebre polar usando estos marcos de oraciones:

En verano...

El pelaje se vuelve blanco para...

Coméntalo Comenta lo que ves en la pintura y lee el rótulo. ¿En qué se parecen las liebres y otros animales sobre los que has leído?

Evidencia en el texto Subraya en el rótulo las claves que indican qué característica especial tiene el cuerpo de las liebres polares.

Escribe Las liebres polares se mantienen a salvo porque su cuerpo

_____

_ _ _ _ _ _ _ _ _ _ _ _ _ _ _ _ _

_____

_____

_____

_ _ _ _ _ _ _ _ _ _ _ _ _ _ _ _ _

_____

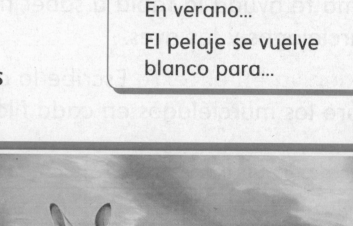

El pelaje de la liebre polar se vuelve blanco en invierno. Así se hace difícil de ver en la nieve.

image courtesy National Gallery of Art

Animales en equipo

 ¿? ¿Cómo te ayudan las fotos y el texto a comprender el trabajo en equipo de algunos animales?

Antología de literatura: páginas 34-51

COLABORA

Coméntalo Vuelve a leer las páginas 40 y 41. Comenta lo que ves en las fotos.

Evidencia en el texto Escribe lo que aprendiste del texto y las fotos acerca de los equipos de animales.

 **LECTURA ATENTA Consejo de la semana**

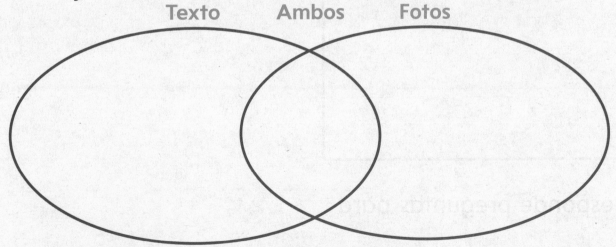

| Texto | Ambos | Fotos |

Escribe El texto y las fotos muestran

_____

- - - - - - - - - - - - - - - - - - -

Andrew

Cuando **vuelvo a leer**, puedo buscar claves en el texto y en las fotos.

¿? **¿Por qué la autora presenta la información por medio de preguntas y respuestas?**

COLABORA

Coméntalo Vuelve a leer las páginas 42 a 45. Comenta las preguntas que hace la autora.

Evidencia en el texto Escribe las preguntas y las claves del texto que te ayudan a responderlas.

Pregunta	Respuesta

Escribe La autora hace y responde preguntas para explicar

_____

- -

_____

LECTURA ATENTA

Acuérdate

Mientras vuelvo a leer, puedo encontrar detalles sobre cómo se ayudan los animales.

¿Cómo está organizado el texto?

COLABORA

Coméntalo Vuelve a leer las páginas 46-47 y 48-49. Comenta la información de cada par de páginas.

Evidencia en el texto Escribe las claves del texto y las fotos que indican el tema de cada par de páginas.

Páginas 46 y 47

Estas páginas muestran

Páginas 48 y 49

Estas páginas muestran

Escribe En cada par de páginas, la autora

_____

- -

_____

LECTURA ATENTA

Leer juntos

Acuérdate

Mientras vuelvo a leer, puedo usar los siguientes marcos de oraciones para hablar sobre el texto:

Estas páginas tratan sobre...

Aprendí que...

Tu turno

¿Qué equipo de animales te parece más interesante? ¿Por qué?

Usa los siguientes marcos de oraciones:

El equipo más interesante...

Es interesante porque...

Los animales se ayudan cuando...

¡Conéctate!
Escribe tu respuesta en línea.

"La vida en la colmena"

La abeja obrera hace el panal donde ponen la miel.

La abeja obrera es la que hace la miel. También ayuda con el aseo de la colmena.

Vuelve a leer y haz anotaciones en el texto siguiendo las instrucciones.

Encierra en un rectángulo las palabras que indican de qué tipo de abejas se habla.

Encierra en un círculo el nombre del lugar donde las abejas ponen la miel.

Subraya dos cosas que hacen las abejas obreras. Escríbelas aquí.

_____

- -

_____

- -

_____

COLABORA

Comenta con un compañero cómo sabes que hay muchas abejas obreras en un panal.

En todas las colmenas hay una abeja reina. Ella pone todos los huevos.

En la colmena también hay abejas macho, o zánganos. Su trabajo es ayudar a la reina a hacer los huevos.

Subraya la oración que indica qué hace la abeja reina.

Encierra en un círculo las palabras que te ayudan a saber cuál es el trabajo de los zánganos. Escríbelas aquí.

_____

- -

_____

COLABORA

Comenta la foto. Encuentra a la abeja reina y a los zánganos.

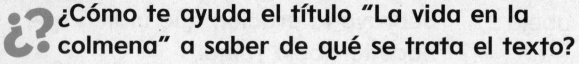 **¿Cómo te ayuda el título "La vida en la colmena" a saber de qué se trata el texto?**

Coméntalo Vuelve a leer la selección. Comenta las fotos.

Evidencia en el texto Escribe en la tabla lo que hace cada tipo de abeja.

Abeja obrera	Abeja reina	Zángano

Escribe El título me ayuda a saber que el texto trata de

_____

- -

_____

¿Cómo trabajan en equipo estas aves?

kevin palmer photography/Moment Open/Getty Images

COLABORA

Coméntalo Comenta lo que ves en la foto. ¿Qué hacen juntas las aves? ¿En que se parecen a otros equipos de animales sobre los que has leído?

Evidencia en el texto Subraya las claves que te ayudan a comprender por qué estas aves forman un equipo.

Escribe Las aves forman un equipo porque

_____

_____

_____

_____

Acuérdate

Puedo explicar por qué las aves forman un equipo con estos marcos de oraciones:

Las aves se agrupan...

Las aves se ayudan...

Volar en grupo es más seguro. Estas aves se agrupan en bandadas para mantenerse a salvo.

Buen provecho.... ¡animales al acecho!

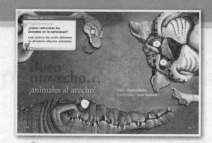

Antología de literatura: páginas 58-75

Leer juntos

¿Por qué crees que el autor pone el primer verso de la estrofa en letras más grandes y de otro color que los demás versos?

COLABORA

Coméntalo Vuelve a leer las páginas 66 a 69. Observa las palabras destacadas. ¿A quién nombran?

Evidencia en el texto Escribe a quién nombran las palabras destacadas en cada página.

Página 66	Página 68

Escribe El autor escribe el primer verso en letra más grande para destacar

_____

- -

_____

LECTURA ATENTA

Consejo de la semana

David

Cuando **vuelvo a leer**, encuentro claves en el texto.

¿Cómo te ayudan las ilustraciones y el texto a saber qué come la culebra?

COLABORA

Coméntalo Vuelve a leer las páginas 66 y 67. Observa las ilustraciones y comenta lo que ves.

Evidencia en el texto Escribe claves del texto y las ilustraciones que te indiquen qué come la culebra.

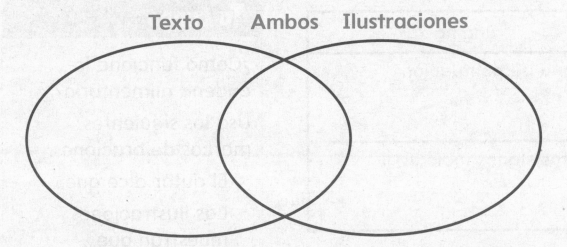

Texto   Ambos   Ilustraciones

Escribe Las ilustraciones y el texto indican que

_____

_____

_____

LECTURA ATENTA

Acuérdate

Puedo usar estos marcos de oraciones para hablar sobre la cadena alimentaria

   Las ranas comen...

   Después, las culebras...

COLABORA

¿En qué se diferencian los versos de la última página?

Coméntalo Vuelve a leer las páginas 70 a 73. Comenta los signos de puntuación que se usan.

Evidencia en el texto Escribe las diferencias entre los textos de las páginas 71 y 73.

Página 71	Página 73
signo de puntuación:	signo de puntuación:
Estos signos indican que	Estos signos indican

Escribe Los versos de la última estrofa se diferencian de los demás en que

_____

Acuérdate

Los signos de exclamación dan claves sobre la estructura del texto.

Tu turno

¿Cómo funciona la cadena alimentaria?

Usa los siguientes marcos de oraciones.

El autor dice que...

Las ilustraciones muestran que...

¡Conéctate!
Escribe tu respuesta en línea.

"La hormiga"

 ¿Cómo te ayudan las ilustraciones a saber qué hacen las hormigas?

Coméntalo Vuelve a leer las páginas 78 y 79.
Observa las ilustraciones y comenta lo que ves.

Evidencia en el texto Escribe claves de la ilustración que te ayuden a saber qué hacen las hormigas.

Las hormigas

Escribe Las ilustraciones me ayudan a saber

_____

- -

_____

Leer juntos

Acuérdate

Puedo encontrar claves en las ilustraciones que me ayudan a saber qué hacen los personajes.

¿Cómo te ayuda el texto a saber cómo son las hormigas?

COLABORA

Coméntalo Vuelve a leer las páginas 78 y 79 y comenta cómo son las hormigas.

Evidencia en el texto Escribe las palabras que se usan para describir a las hormigas.

> **Las hormigas son**

Escribe Las palabras me ayudan a saber que las hormigas son

_____

- -

_____

Acuérdate
Cuando vuelvo a leer, las claves en el texto me ayudan a saber cómo son los personajes.

 ¿Qué palabra sensorial usa el autor para mostrar cómo sobrevive la hormiga en invierno?

COLABORA

LECTURA ATENTA
Acuérdate

Las palabras que usa el autor me ayudan a comprender mejor el poema.

Coméntalo Vuelve a leer el poema. ¿Qué ocurrirá en el futuro?

Evidencia en el texto Completa la oración sobre el texto.

La hormiga podrá quedarse	
porque hará	

Escribe La palabra sensorial que usa el autor para mostrar cómo sobrevive la hormiga es

_____

- -

_____

¿? **¿En qué se diferencia lo que comen los jaguares, las hormigas y las orcas?**

COLABORA

Coméntalo Conversa con un compañero sobre lo que comen los jaguares, las hormigas y las orcas.

Evidencia en el texto Subraya las claves que te ayudan a saber qué comen las orcas.

Escribe Una diferencia entre lo que comen los jaguares, las hormigas y las orcas es

_____

_____

_____

_____

LECTURA ATENTA

Acuérdate

Puedo comparar usando estos marcos de oraciones:

Los jaguares comen....

Las hormigas comen...

Las orcas comen....

Las orcas comen peces y otros animales. Buscan comida en el mar.

Tory Kallman/Moment/Getty Images

Un tesoro

 ¿Cómo sabes lo que piensan los insectos sobre el tesoro cuando lo ven por primera vez?

COLABORA

Coméntalo Vuelve a leer las páginas 90 y 91. Observa las ilustraciones y comenta lo que ves.

Evidencia en el texto Completa la red con las palabras que usan los personajes para describir el tesoro.

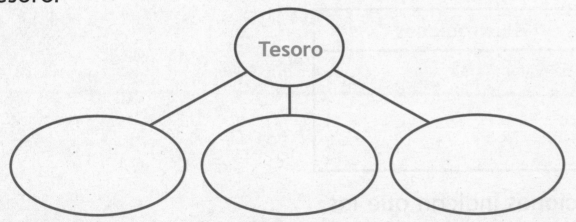

Tesoro

Escribe Sé lo que piensan porque los insectos dicen que

_____

- -

_____

LECTURA ATENTA  **Consejo de la semana**

Amy

Cuando **vuelvo a leer**, puedo usar las claves del texto para comprender los sentimientos de los personajes.

Rosemarie Gearhart/Vetta/Getty Images

¿? **¿Cómo te ayudan el texto y las ilustraciones a saber qué sienten los insectos cuando ven el peluche?**

COLABORA

Acuérdate

El texto y las ilustraciones nos dan claves sobre los sentimientos de los personajes.

Coméntalo Vuelve a leer las páginas 92 y 93. Observa las ilustraciones y comenta lo que ves.

Evidencia en el texto Anota claves de las ilustraciones y del texto que te ayuden a comprender qué sienten los personajes.

Texto	Ilustraciones

Escribe El texto y las ilustraciones indican que los insectos

_____

- - - - - - - - - - - - - - -

_____

¿? **¿Qué muestran las ilustraciones sobre lo que hacen los insectos con el peluche al final del cuento?**

COLABORA

Coméntalo Vuelve a leer las páginas 98 y 99. Observa las ilustraciones y comenta lo que ves.

Evidencia en el texto Escribe las claves del texto y las ilustraciones acerca de lo que hacen los insectos.

Cosas que hacen con el peluche

Escribe Las ilustraciones muestran que, al final, los insectos

_____

_____

_____

Leer juntos

LECTURA ATENTA

Acuérdate

Puedo buscar claves en las ilustraciones para saber qué ocurre.

Tu turno

¿Por qué los insectos cambian de opinión dos veces acerca del tesoro?

Usa los siguientes marcos de oraciones:

Primero...

Luego...

Por último...

¡Conéctate!
Escribe tu respuesta en línea.

"Con ustedes, los insectos"

El cuerpo de un insecto

Los insectos tienen seis patas. No tienen huesos. La parte externa del cuerpo es dura. Protege el cuerpo del insecto. La mayoría de los insectos tiene antenas y alas.

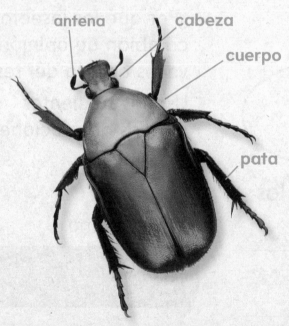

antena   cabeza

cuerpo

pata

Vuelve a leer y haz anotaciones en el texto siguiendo las instrucciones.

Encierra en un rectángulo las palabras que indican de qué se trata el texto.

Encierra en un círculo las claves que indican qué tienen todos los insectos.

Subraya la oración que dice qué tienen la mayoría de los insectos.

Encuentra tres partes del cuerpo que tiene la mayoría de los insectos. Escríbelas aquí.

_____

- -

_____

COLABORA

Conversa con un compañero sobre cómo ayudan los rótulos a comprender las partes del cuerpo del insecto

Los sentidos de los insectos

Los insectos usan los sentidos para buscar comida. La mosca usa las antenas para oler. Con las patas prueba las cosas. Por eso las moscas se posan sobre la comida.

Los insectos no ven como vemos los seres humanos. Muchos insectos tienen más de dos ojos. ¡Este saltamontes tiene cinco!

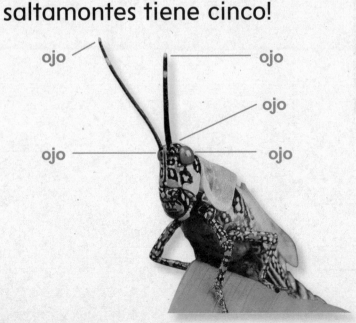

ojo

ojo

ojo

ojo

ojo

ojo

Encierra en un rectángulo la clave que te dice de qué se trata esta página.

Encuentra las palabras que indican qué hacen las moscas con las patas. Escribe las palabras aquí.

_____

_____

Escribe aquí cuántos ojos tiene un saltamontes.

_____

_____

COLABORA

Conversa con un compañero qué características de los saltamontes se muestran en la fotografía.

(t) Arletta Cwalina/Alamy Stock Photo (b) Simon Murrell/Cultura/Getty Images

¿Cómo ayudan los rótulos y las fotos a comprender la selección?

COLABORA

Coméntalo Observa los rótulos y las fotos de las páginas 103 y 104 y coméntalos.

Evidencia en el texto Escribe la información que aportan los rótulos y las fotos sobre cada animal.

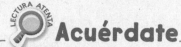
El escarabajo
El saltamontes

Escribe Los rótulos y las fotos aportan

_____

- -

_____

¿Cómo sabes que la libélula es un insecto?

COLABORA

Coméntalo ¿Cómo es la libélula? ¿En qué se parece y en qué se diferencia a otros insectos sobre los que leíste?

Evidencia en el texto Subraya las partes del cuerpo de la libélula en el pie de foto. Encierra en un círculo esas partes en la foto.

Escribe La libélula es un insecto porque los insectos tienen

_____

_ _

_____

_____

_ _

_____

LECTURA ATENTA **Acuérdate**

Puedo describir las libélulas usando los siguientes marcos de oraciones:

Las libélulas tienen...

Los insectos tienen...

El cuerpo de la libélula tiene tres partes. Esta libélula tiene la cabeza y el abdomen azul. El tórax es verde con rayas negras.

Koko y Penny

¿Cómo te ayudan los pies de foto a comprender mejor lo que lees en el texto?

Antología de literatura:
páginas 106-113

Coméntalo Vuelve a leer las páginas 108 y 109. ¿Qué le enseña Penny a Koko?

Evidencia en el texto Anota qué se muestra en cada foto y qué dice cada pie de foto.

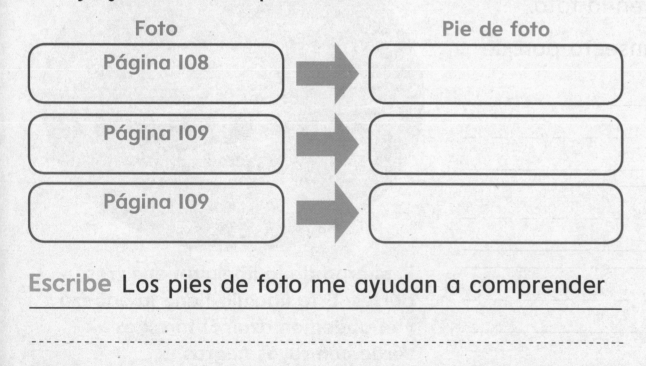

Foto	Pie de foto
Página 108	
Página 109	
Página 109	

Escribe Los pies de foto me ayudan a comprender

_____

- -

LECTURA ATENTA **Consejo** de la **semana**

Hassan

Cuando **vuelvo a leer**, uso los pies de foto para entender mejor el texto.

Leer juntos

AzgAr Donmaz/iStock/Getty Images Plus/Getty Images

¿En qué orden se cuentan los sucesos del aprendizaje de Koko?

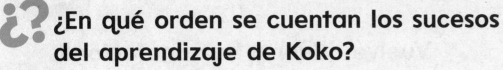

COLABORA

Coméntalo Vuelve a leer las páginas 108 y 109. ¿Qué aprendió Koko?

Evidencia en el texto Completa el organizador gráfico con el orden de los sucesos de estas páginas.

Primero,

↓

Luego,

Escribe El orden en que el autor cuenta los sucesos es

_____

- -

_____

LECTURA ATENTA **Acuérdate**

Puedo usar los siguientes marcos de oraciones para contar cómo aprendió Koko.

Primero, Koko aprendió...

Luego...

Tu turno

¿En qué crees que se beneficia Koko al aprender el lenguaje de señas?

Usa los siguientes marcos de oraciones:

Koko puede pedir...

Koko puede decir...

El lenguaje de señas...

¡Conéctate!
Escribe tu respuesta en línea.

"Salvemos a los gorilas"

Helen Gichohi vive en Kenia. Junto con su equipo, salva gorilas como Koko.

Todas las noches, el gorila hace una cama de hojas.

Vuelve a leer y haz anotaciones en el texto siguiendo las instrucciones.

¿Dónde duermen los gorilas? Encierra en un círculo la respuesta.

¿Dónde crees que vive el gorila de la fotografía? Encierra el nombre del lugar en un rectángulo.

¿Qué hacen la Dra. Helen Gichohi y su equipo? Subraya la respuesta.

COLABORA

Conversa con un compañero sobre cuál crees que es la idea principal de este texto.

Alejandro Palacio/iStock 360/Getty Images

 ¿Cómo te ayudan las fotografías y los pies de foto a comprender mejor el texto?

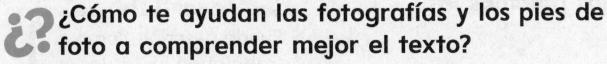

Coméntalo Vuelve a leer el texto y comenta la información que puedes encontrar en las fotos.

Evidencia en el texto ¿Qué ves en la foto y en el pie de foto que no aparece el texto?

Acuérdate
Puedo usar las claves de las fotografías y los pies de foto para comprender las ideas del texto.

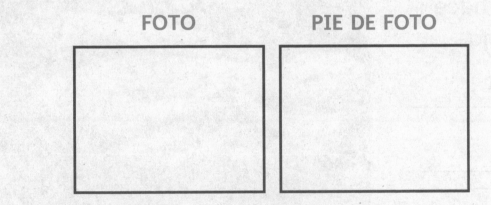

FOTO   PIE DE FOTO

Escribe El autor usa fotografías y pies de foto para

_____

- -

_____

¿? ¿Cómo trabajaban con las palomas las personas en el pasado?

COLABORA

Coméntalo Las palomas son aves. Comenta lo que pueden hacer las aves que no pueden hacer las personas. ¿Qué aprendiste esta semana sobre los trabajos con animales?

Evidencia en el texto Encierra en un círculo las claves que indican qué hace la persona de la foto con la paloma.

Escribe En el pasado, las personas

_____

_ _ _ _ _ _ _ _ _ _ _ _ _ _ _ _ _ _

_____

_ _ _ _ _ _ _ _ _ _ _ _ _ _ _ _ _ _

_____

LECTURA ATENTA
Acuérdate

Puedo describir cómo trabajaban juntas las personas y las palomas usando los siguientes marcos de oraciones:

La persona ataba...

La paloma podía...

World History Archive/Alamy

Hace mucho tiempo, las palomas llevaban mensajes importantes atados a sus patas. Podían volar y llevar los mensajes a personas que se encontraban lejos.

Forma o figura... ¡hasta en la basura!

¿? **¿Qué acción se repite a lo largo del texto?**

COLABORA

Coméntalo Vuelve a leer las páginas 124–129.
Comenta lo que hace Demetrio.

Evidencia en el texto Escribe lo que pasa en cada página.

Páginas 124–125	Páginas 126–127	Páginas 128–129

Escribe A lo largo del texto, Demetrio

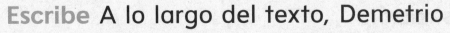

Antología de literatura:
páginas 116-133

LECTURA ATENTA
Consejo de la semana

James

Cuando **vuelvo a leer**, busco claves sobre las acciones de los personajes.

Ken Cavanagh/McGraw-Hill Education

¿? **¿Qué indican las ilustraciones y los pies de ilustración acerca de lo que encuentra Demetrio?**

COLABORA

Coméntalo Vuelve a leer las páginas 120–123. Observa las ilustraciones y comenta lo que ves.

Evidencia en el texto Escribe qué indican las ilustraciones y los pies de ilustración.

	Página 120	Página 122
La ilustración muestra...		
El pie de ilustración dice...		

Escribe Las ilustraciones y los pies de ilustración

_____

- -

_____

¿? **¿Cuál fue el propósito del autor al escribir este cuento?**

COLABORA

Coméntalo Vuelve a leer las páginas 118–131. ¿De qué trata el cuento?

Evidencia en el texto Escribe las claves del texto y de las ilustraciones que te ayudan a saber cuál fue el propósito del autor.

Clave	Clave

↓   ↓

Propósito del autor

Escribe El propósito del autor fue

_____

- -

_____

LECTURA ATENTA 🔍 **Acuérdate**

Puedo usar marcos de oraciones para hablar del propósito del autor.

El autor quiere...

El texto muestra...

Tu turno

¿Cómo clasificó Demetrio las formas y figuras que encontró?

Usa los siguientes marcos de oración:

Cuando Demetrio...

Luego...

Las formas...

¡Conéctate!
Escribe tu respuesta en línea.

"Clasificamos aquí y allá"

Hay cosas parecidas y cosas diferentes. Para clasificar objetos, buscamos en qué se parecen, por ejemplo, el tamaño, la forma o el color.

Vuelve a leer y haz anotaciones en el texto siguiendo las instrucciones.

Encierra en un círculo la palabra del título que te indica de qué trata el texto.

Subraya la oración que explica qué es clasificar.

Escribe tres características que se pueden usar para clasificar.

_____

- - - - - - - - - - - - - - - - -

_____

- - - - - - - - - - - - - - - - -

_____

- - - - - - - - - - - - - - - - -

_____

Illustration: Holli Conger

¿Cuántos botones redondos hay? ¿Cuántos botones cuadrados hay?

¿Ves alguna otra forma?

Suma el total de botones rojos.

¿Hay más botones rojos o más botones amarillos?

¿Hay botones con cuatro agujeros?

¿De qué otra manera podrías clasificar estos botones?

Responde aquí la primera pregunta.

Responde aquí la segunda pregunta.

Lee la tercera pregunta. Encierra en un círculo la respuesta.

COLABORA

Conversa con un compañero acerca de otras maneras de clasificar objetos.

Illustration: Holli Conger

Acuérdate

Cuando vuelvo a leer busco claves en el texto y en las ilustraciones para comprender el propósito del autor.

¿? ¿Por qué crees que el autor escribió "Clasificamos aquí y allá"?

COLABORA

Coméntalo Vuelve a leer las páginas 136 y 137. ¿Qué elementos clasifica el autor? ¿Cómo lo hace?

Evidencia en el texto Escribe ejemplos del texto de las categorías que usa el autor para clasificar botones.

Por forma	Por color

Escribe El autor escribió este texto para

_____

¿Cómo puedes clasificar los animales de la canción?

COLABORA

Coméntalo Comenta qué aprendiste acerca de diferentes formas de clasificar objetos en *Forma o figura... ¡hasta en la basura!* y "Clasificamos aquí y allá". ¿Cómo podrías clasificar a los animales de la canción?

Evidencia en el texto Subraya las claves que indican en qué se diferencian los animales.

Escribe Puedo clasificar a los animales según

_____

_ _ _ _ _ _ _ _ _ _ _ _ _ _ _ _ _ _ _ _

_____

_ _ _ _ _ _ _ _ _ _ _ _ _ _ _ _ _ _ _ _

_____

LECTURA ATENTA

Acuérdate

Puedo clasificar usando los siguientes marcos de oraciones:

El patito...

Los animales...

Mi granja

Vengan a ver mi granja,
que es hermosa.
Vengan a ver mi granja,
que es hermosa.

El patito hace así: cuá, cuá.
El patito hace así: cuá, cuá.

El gatito hace así: miau, miau.
El gatito hace así: miau, miau.

El pollito hace así: pío, pío.
El pollito hace así: pío, pío.

Oh, vengan, amigos,
vengan, amigos,
vengan, amigos, vengan.

Canción tradicional infantil

Matías y el color del cielo

Antología de literatura:
páginas 142–163

¿Cómo te ayudan las ilustraciones a comprender cómo ayuda Penélope a Matías?

Coméntalo Vuelve a leer las páginas 146–149. Observa las ilustraciones. ¿Qué hace Penélope?

Evidencia en el texto Escribe claves que indiquen cuál es el problema de Matías y cómo lo ayuda Penélope.

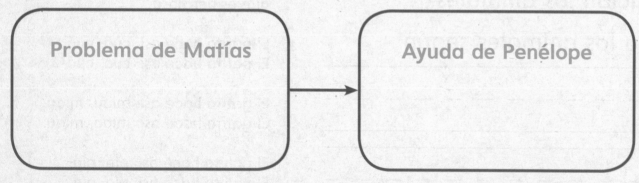

| Problema de Matías | → | Ayuda de Penélope |

Escribe Las ilustraciones muestran que, para ayudar a Matías, Penélope

_____

_____

Consejo de la semana

Carla

Cuando **vuelvo a leer**, busco claves en las ilustraciones.

Steve Debenport/E+/Getty Images

¿A qué momento del día se refiere Penélope en las páginas 158 y 159? ¿Cómo lo sabes?

LECTURA ATENTA **Acuérdate**

Mientras vuelvo a leer, puedo relacionar las claves de las ilustraciones con lo que sé sobre un tema para hacer inferencias.

COLABORA

Coméntalo Vuelve a leer las páginas 158–159. Observa las ilustraciones y comenta lo que ves.

Evidencia en el texto Anota claves de las ilustraciones y haz una inferencia.

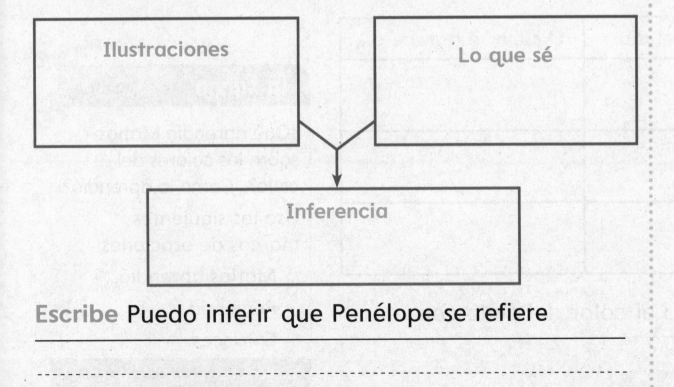

Ilustraciones

Lo que sé

Inferencia

Escribe Puedo inferir que Penélope se refiere

_____

- -

_____

¿Cómo usa la autora la comparación para enseñarle a Matías el color del cielo?

COLABORA

Coméntalo Vuelve a leer las páginas 146-161. ¿Con qué compara Matías el cielo en cada caso?

Evidencia en el texto Completa la tabla con las claves del texto y de las ilustraciones.

	Momento del día	El cielo se parece a...
Páginas 146 a 149		
Páginas 150 a 153		
Páginas 158 a 161		

Escribe Matías compara el color del cielo con

_____

- -

_____

> **LECTURA ATENTA**
> **Acuérdate**
> Las ilustraciones me ayudan a comprender la lectura.

Tu turno

¿Qué aprendió Matías sobre los colores del cielo? ¿Cómo lo aprendió?

Usa los siguientes marcos de oraciones:

Matías aprendió...

Penélope...

Entonces...

¡Conéctate!
Escribe tu respuesta en línea.

"La luna"

Con un telescopio, la Luna se ve mejor.

Hace mucho tiempo no se sabía de qué estaba hecha la Luna. Mucha gente veía figuras dibujadas en ella.

Con el telescopio, la Luna se pudo ver mejor. Ahora se ven sus colinas, sus llanuras y sus cráteres. ¡Los cráteres son pozos enormes!

Steve Cole/Photographer's Choice/Getty Images; (inset) somchaisom/iStock/360/Getty Images

Vuelve a leer y haz anotaciones en el texto siguiendo las instrucciones.

Subraya lo que pensaba antes la gente cuando miraba la Luna.

¿Qué ayudó a la gente a ver mejor la Luna? Encierra la palabra en un círculo y dibuja una estrella junto al objeto en la fotografía.

Escribe tres cosas que las personas ven ahora en la Luna, gracias al telescopio.

_____

_____

_____

_____

_____

_____

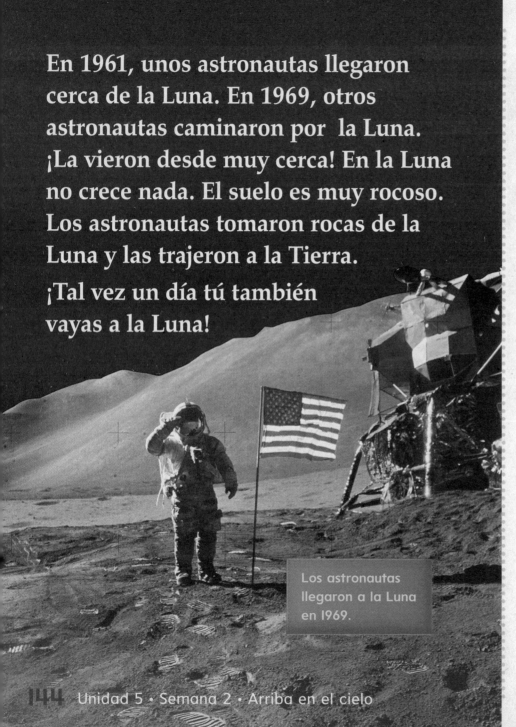

En 1961, unos astronautas llegaron cerca de la Luna. En 1969, otros astronautas caminaron por la Luna. ¡La vieron desde muy cerca! En la Luna no crece nada. El suelo es muy rocoso. Los astronautas tomaron rocas de la Luna y las trajeron a la Tierra. ¡Tal vez un día tú también vayas a la Luna!

Los astronautas llegaron a la Luna en 1969.

Subraya las palabras que indican qué ocurrió en 1969.

Escribe dos detalles acerca de cómo es la Luna.

_____

- -

_____

_____

- -

_____

¿Qué trajeron los astronautas? Enciérralo en un círculo.

COLABORA

Conversa con un compañero. ¿Cómo sabemos qué formas tiene la Luna?

NASA Headquarters - Greatest Images of NASA (NASA-HQ-GRIN)

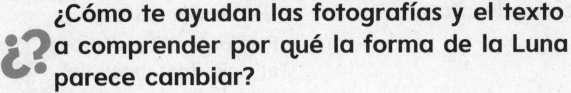

¿Cómo te ayudan las fotografías y el texto a comprender por qué la forma de la Luna parece cambiar?

Acuérdate

Puedo usar las fotos para saber más sobre la Luna.

COLABORA

Coméntalo Vuelve a leer las páginas 168 y 169. Observa las fotos y comenta lo que ves.

Evidencia en el texto Escribe las claves del texto y las fotos que indican por qué cambia la Luna.

Texto	Fotos

Escribe El texto y las fotos muestran que, todas las noches, la Luna tiene una forma diferente porque

_____

- -

_____

¿? **¿En qué se diferencian el cielo de día y el cielo de noche?**

COLABORA

Coméntalo Comenta cómo se veía el cielo de noche en los textos que leíste. Luego, observa el cielo de la foto y comenta cómo se ve.

Evidencia en el texto Escribe tres rótulos para la foto que indiquen cómo es el cielo de día.

Escribe De día

_____

- - - - - - - - - - - - - - - - - - - -

_____

_____

- - - - - - - - - - - - - - - - - - - -

_____

_____

- - - - - - - - - - - - - - - - - - - -

_____

LECTURA ATENTA
Acuérdate

Puedo describir cómo es el cielo durante el día usando los siguientes marcos de oraciones:

Durante el día...

Podemos ver...

Leer juntos

Mario Eder/Getty Images

Este paracaidista se desliza por el cielo entre las montañas.

Thomas Edison, inventor

Antología de literatura: páginas 172–189

 ¿Por qué crees que el autor incluye historias de Thomas Edison cuando era pequeño?

Coméntalo Vuelve a leer las páginas 176–177. Conversa acerca del experimento de Edison con los gusanos. ¿Por qué creía que la niña podría volar?

 **Consejo de la semana**

Evidencia en el texto Usa claves del texto para indicar cómo era Edison de niño y de adulto.

De niño, Edison	De adulto, Edison
→	

Escribe El autor quiere mostrar que _____

_____

_____

Emily

Cuando **vuelvo a leer**, presto atención a las historias de las personas.

¿Cómo te ayudan el texto y las ilustraciones a saber que Thomas Edison trabajaba mucho?

COLABORA

Coméntalo Vuelve a leer las páginas 181–183. Comenta qué hace Tom en las ilustraciones.

Evidencia en el texto Usa claves del texto y de las ilustraciones para escribir tres cosas que Thomas Edison hacía cuando era niño.

Página 181	Página 182	Página 183

Escribe Sé que Edison trabajaba mucho porque

_____

_____

LECTURA ATENTA
Acuérdate

Mientras vuelvo a leer, puedo usar estos marcos de oraciones para hablar sobre Thomas Edison cuando era un niño.

A Tom le gustaba...

Tom hacía...

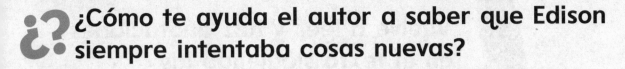

¿Cómo te ayuda el autor a saber que Edison siempre intentaba cosas nuevas?

Acuérdate

Las claves del texto y de las ilustraciones me ayudan a comprender lo que leo.

Coméntalo Vuelve a leer la página 184. ¿Qué hacían las personas para enviar mensajes antes de la invención del teléfono?

Evidencia en el texto Escribe tres sucesos de la vida de Tom relacionados con el telégrafo.

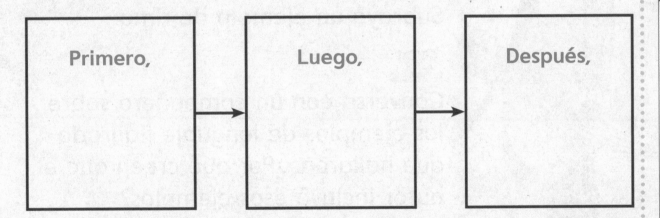

Primero,   Luego,   Después,

Escribe El autor muestra que Tom siempre intentaba cosas nuevas cuando cuenta

_____

- -

_____

Tu turno

Observa los capítulos 1 y 2. ¿Por qué crees que Thomas Edison fue un buen inventor? Incluye evidencia del texto para respaldar tu respuesta.

Usa los siguientes marcos de oraciones:

Cuando era niño, Thomas Edison...
Cuando creció...

¡Conéctate!
Escribe tu respuesta en línea.

"Doña Tijera"

Ya llega doña Tijera

con sus brazos afilados,

y así corta que recorta

mi flequillo desmechado.

Vuelve a leer y haz anotaciones en el texto siguiendo las instrucciones.

Escribe un ejemplo de lenguaje figurado que se use en el poema.

_____

- -

_____

Subraya un ejemplo de rima.

COLABORA

Conversa con un compañero sobre los ejemplos de lenguaje figurado que hallaron. ¿Por qué creen que el autor incluyó esos ejemplos?

Vicente Martí

Ya llega doña Tijera

con sus cortantes maneras,

y así poda que repoda

mi crecida cabellera.

Ya se va doña Tijera.

¿Y cuándo vendrá otra vez?

Si depende de mi pelo,

más o menos en un mes.

Matías Gómez

Subraya dos acciones de doña Tijera. Escríbelas aquí.

_____

- -

_____

_____

- -

_____

Encierra en círculos las palabras que riman con *Tijera*.

COLABORA

Conversa con un compañero. ¿A qué hace referencia el verso *con sus cortantes maneras*?

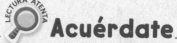

¿Cómo te ayuda el título de este poema a comprenderlo mejor?

COLABORA

Coméntalo Vuelve a leer el poema. Observa el título y coméntalo.

Evidencia en el texto Escribe las palabras del poema que hagan referencia al objeto que describe.

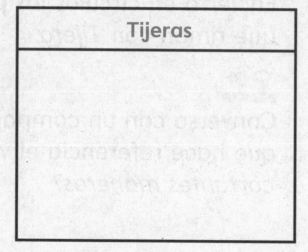

Tijeras

Escribe El título del poema me ayuda a saber

_____

- -

_____

¿? **¿Por qué es bueno el invento que se muestra en la foto?**

COLABORA

Coméntalo Comenta los problemas que Thomas Edison resolvió con sus inventos. ¿En qué se parece el invento de la foto a los inventos de Edison?

Evidencia en el texto Encierra en un círculo dos claves que te ayudan a saber que este es un buen invento.

Escribe Este es un buen invento porque

_____

_ _

_____

_____

_____

_____

LECTURA ATENTA
Acuérdate

Puedo hablar sobre el invento usando los siguientes marcos de oraciones:

Algunas personas necesitan...

Este invento...

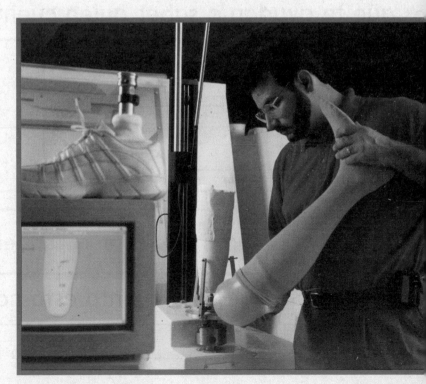

Esta pierna artificial ayudará a alguien a volver a caminar.

Alvis Upitis/Getty Images

Hoy vamos al parque

Antología de literatura:
páginas 196–215

Leer juntos

¿Cómo sabes quién cuenta este cuento?

COLABORA

Coméntalo Vuelve a leer las páginas 198–199. Observa y comenta la ilustración.

Evidencia en el texto Escribe las claves del texto que te ayudan a saber quién cuenta el cuento.

| Se usan pronombres y verbos en _____ persona, como _____ |
| La ilustración muestra _____ |

Quien cuenta el cuento es _____

Escribe Sé que este cuento está contado por
_____
- -
_____

LECTURA ATENTA **Consejo de la semana**

Jacob

Cuando **vuelvo a leer**, puedo buscar claves en el texto para saber quién cuenta el cuento.

Leer juntos

¿Qué palabras especiales usa la autora para mostrar los sonidos que se oyen en la calle?

COLABORA

Coméntalo Vuelve a leer las páginas 200–201. Comenta qué sonidos se oyen en la calle.

Evidencia en el texto Completa la tabla con las claves del texto y de las ilustraciones relacionadas con los sonidos.

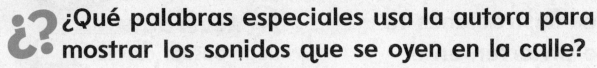

Acuérdate

A veces los autores usan palabras especiales para expresar detalles de un texto.

Palabras	Sonido
	motor del auto
tarari la ra, tra la la	

Escribe La autora usa palabras que

_____

- -

_____

¿Qué claves del texto y las ilustraciones te muestran que las niñas se divierten en el parque?

COLABORA

Coméntalo Vuelve a leer las páginas 210–211. Observa las ilustraciones y comenta lo que ves.

Evidencia en el texto Escribe las claves que indican cómo se sienten los personajes.

Claves del texto	Claves de las ilustraciones

Escribe Sé que las niñas se divierten porque

_____

- -

_____

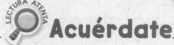

Acuérdate

Puedo buscar claves en el texto y las ilustraciones para saber cómo se sienten los personajes.

Tu turno

Usa lo que sabes acerca de la niña y su perra, Trina, para escribir un cuento nuevo acerca de lo que sucede cuando regresan al parque al día siguiente.

Usa los siguientes marcos de oraciones:

La niña...

Trina...

Entonces, ellas...

¡Conéctate!
Escribe tu respuesta en línea.

"Suena que te suena"

Los instrumentos son muy divertidos. Hacen cientos de sonidos diferentes. Golpea un tambor: pam pam parapám. Rasguea una guitarra: trin tran tron. Toca la trompeta: tuturutú. ¡A bailar!

Algunos sonidos son encantadores. Otros no son tan bonitos. Pero todos los sonidos tienen dos cosas en común: el tono y el volumen.

Vuelve a leer y haz anotaciones en el texto siguiendo las instrucciones.

Encierra en un círculo cómo cree el autor que son los instrumentos.

Subraya los nombres de los instrumentos en el texto.

¿Qué cosas en común tienen todos los sonidos? Escríbelo aquí.

_____

_____

_____

_____

COLABORA

Observa al niño. Conversa sobre cuál es el sonido que hace su instrumento. Encierra en un rectángulo el nombre del instrumento.

Rubberball/Chris Alvanas/Getty Images

El tono de un sonido puede ser agudo o grave. Cuando silbas para llamar a un perro, ese sonido es agudo.

El volumen es la potencia de un sonido. Cuando alguien te susurra algo al oído, ese sonido tiene volumen bajo.

Encierra en un círculo la oración que explica qué es el tono.

Escribe un tipo de sonido agudo aquí.

_____

- - - - - - - - - - - - - - - -

_____

Encierra en un rectángulo las palabras que explican qué es el volumen.

COLABORA

Conversa con un compañero acerca de las fotografías. ¿El volumen de los instrumentos será alto o bajo?

Leer juntos

¿Por qué el autor eligió el título "Suena que te suena" para esta selección?

Acuérdate
Puedo buscar claves en las palabras que usa el autor para comprender la idea principal del texto.

COLABORA

Coméntalo Vuelve a leer las páginas 218 y 219. Observa cómo tocan los instrumentos los niños de las fotografías y coméntalo.

Evidencia en el texto Escribe cómo se toca cada instrumento y el sonido que hace.

Instrumento	Cómo se toca	Qué sonido hace
Tambor		
Guitarrra		

Escribe El autor eligió el título "Suena que te suena" porque

_____

- -

_____

¿? **¿Qué tienen en común todos los sonidos de la canción?**

COLABORA

Coméntalo Conversa con un compañero acerca de las palabras que representan sonidos. ¿Qué otros sonidos podrían aparecer en esta canción?

Evidencia en el texto Subraya las palabras que representan sonidos en la canción.

Escribe Los sonidos de la canción

_____

_ _ _ _ _ _ _ _ _ _ _ _ _ _ _

_____

_ _ _ _ _ _ _ _ _ _ _ _ _ _ _

_____

_ _ _ _ _ _ _ _ _ _ _ _ _ _ _

LECTURA ATENTA

Acuérdate

Puedo hablar de la canción usando este marco de oración:

Los animales de la canción...

Quiquiriquí

Quiquiriquí:
el gallito canta así.

Cocorocó:
la gallina ya cantó.

Pío pi, pío pi:
los pollitos hacen así.

Puentes por todas partes

¿? **¿Cómo te ayuda el autor a comprender la idea principal con los pies de foto?**

Antología de literatura:
páginas 222–229

COLABORA

Coméntalo Vuelve a leer las páginas 222–225. Observa las fotos y comenta lo que ves.

Evidencia en el texto Escribe lo que dice cada pie de foto y cómo te ayudan a comprender la idea principal.

LECTURA ATENTA **Consejo de la semana**

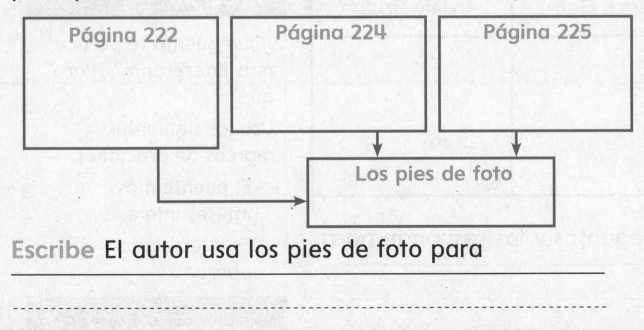

Página 222	Página 224	Página 225

Los pies de foto

Michael

Cuando **vuelvo a leer**, uso los pies de foto para comprender mejor las ideas del texto.

Escribe El autor usa los pies de foto para

_____

- -

_____

Ivanastar/iStock/Getty Images Plus/Getty Images

¿Por qué el autor hace preguntas y las responde?

COLABORA

Coméntalo Vuelve a leer las páginas 227–228. Lee las preguntas y las respuestas.

Evidencia en el texto Usa claves de las preguntas y las respuestas para escribir qué característica especial tiene cada puente.

Firth of Forth	Golden Gate	Rolling Bridge

Escribe El autor hace preguntas y las responde para

_____

_____

Acuérdate

Puedo usar marcos de oraciones para hablar sobre los puentes.

Un puente de armadura es...

Algunos puentes...

El Rolling Bridge...

Tu turno

¿Qué puente te parece más interesante? ¿Por qué?

Usa los siguientes marcos de oraciones:

El puente más interesante es...

Es interesante porque...

¡Conéctate!
Escribe tu respuesta en línea.

"Pequeña, pero grande"

Si tienes una casa pequeña, puedes llevarla contigo a todas partes.

Dee Williams

Las casas pequeñas se hacen en poco tiempo.
No cuestan mucho dinero.
Tampoco consumen mucha energía ni demasiados materiales. ¡Son ecológicas!

Vuelve a leer y haz anotaciones en el texto siguiendo las instrucciones.

¿Adónde puedes llevar una casa pequeña? Subraya la respuesta.

Escribe tres ventajas de las casas pequeñas.

_____

- - - - - - - - - - - - - -

_____

- - - - - - - - - - - - - -

_____

- - - - - - - - - - - - - -

_____

COLABORA

Conversa con un compañero por qué las casas pequeñas son ecológicas. Encierra la clave en un círculo.

Unidad 5 • Semana 5 • ¡A construir! **163**

¿? **¿Por qué "Pequeña, pero grande" es un buen título para esta selección?**

Coméntalo Vuelve a leer el texto y observa las fotos. Comenta lo que ves.

Evidencia en el texto Escribe las claves del texto y las fotos que indiquen por qué a la gente le gustan las casas pequeñas.

 **Acuérdate**

El título me puede ayudar a comprender las ideas importantes del texto.

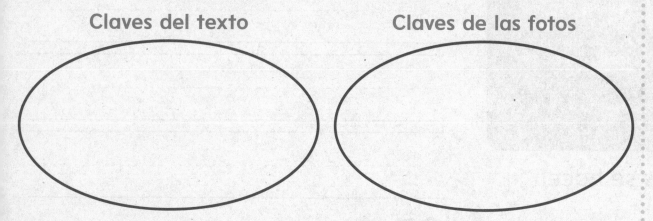

Claves del texto   Claves de las fotos

Escribe "Pequeña, pero grande" es un buen título para la selección porque

_____

¿En qué se parece construir grandes edificios a construir grandes puentes?

COLABORA

Coméntalo Piensa en lo que has aprendido sobre el modo en que se construyen los puentes. Mira la foto. ¿En qué se parece construir un puente a contruir un edificio como el Capitolio? ¿Por qué es importante construir esas estructuras?

Evidencia en el texto Subraya los datos importantes sobre el Capitolio de Estados Unidos que se dan en el pie de foto.

Escribe Construir edificios y puentes

_____

_____

_____

_____

_____

LECTURA ATENTA

Acuérdate

Puedo comparar usando los siguientes marcos de oraciones:

Los puentes y los edificios...

Los edificios son diferentes porque...

Para construir el Capitolio de Estados Unidos fueron necesarios muchos años, mucho dinero y muchos trabajadores. En el Capitolio se realizan tareas de gobierno muy importantes.

Los cuentos de Pura

¿Cómo muestra la autora que la ciudad es un lugar muy diferente al pequeño pueblo donde creció Pura?

Antología de literatura: páginas 232–249

COLABORA

Coméntalo Vuelve a leer las páginas 236 y 241. ¿Qué hacía Pura en el campo? ¿Cómo se describe la ciudad?

Evidencia en el texto Escribe las palabras con las que la autora describe el campo y la ciudad.

LECTURA ATENTA

Consejo de la semana

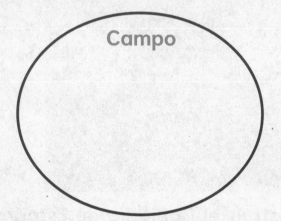

Campo

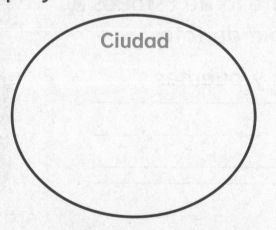

Ciudad

Billy

Cuando **vuelvo a leer**, presto atención a las palabras que se usan para describir.

Escribe La ciudad es diferente del pueblo de Pura porque

_____

- -

_____

Glow Images

¿? **¿Cómo muestran las ilustraciones de las páginas 242 y 243 el paso del tiempo?**

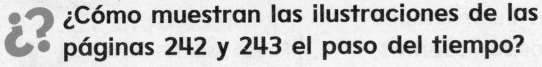

Coméntalo Vuelve a leer las páginas 242–243.
Observa las ilustraciones y comenta lo que hace Pura.

Evidencia en el texto Escribe lo que muestra cada recuadro de las ilustraciones.

Página 242	Página 243

Escribe Las ilustraciones muestran que

_____

_____

¿Cómo muestran el texto y las ilustraciones que Pura les cuenta a los niños los cuentos de su abuela?

Coméntalo Vuelve a leer las páginas 238-239 y 247-249. ¿Qué personajes aparecían en los cuentos de la abuela?

Evidencia en el texto Escribe las claves del texto y las ilustraciones acerca de los cuentos de Pura.

Claves del texto	Claves de las ilustraciones

Escribe Para escribir sus cuentos, Pura

_____

- -

_____

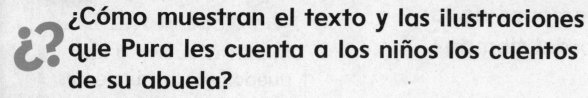 **Acuérdate**

Puedo usar las claves del texto y las ilustraciones para comparar elementos del cuento.

Tu turno

Imagina que Pura trabaja en la biblioteca de tu ciudad. Escríbele una carta contándole cómo te ha inspirado. Usa los siguientes marcos de oraciones:

Querida Pura...

Tu historia...

¡Conéctate!
Escribe tu respuesta en línea.

"¡A marchar!"

¿Cómo podemos mejorar nuestra vida? Una manera de hacerlo es unir nuestros esfuerzos.

Hace cien años, las mujeres no podían votar en Estados Unidos. No podían elegir a sus líderes ni participar en la elaboración de normas y leyes.

Vuelve a leer y haz anotaciones en el texto siguiendo las instrucciones.

Encierra en un círculo la oración que indica cómo podemos mejorar nuestra vida.

Subraya la oración que expresa el problema principal que se plantea en este párrafo.

¿Cuándo existía este problema? Escríbelo aquí.

_____

- -

_____

COLABORA

Comenta con un compañero por qué esto era un problema.

Muchas mujeres y muchos hombres pensaban que no era justo. Por eso decidieron unirse para protestar. Marcharon, dieron discursos y alzaron carteles. Todo el mundo escuchó lo que decían. En 1920, las mujeres consiguieron el derecho a votar.

Encierra en un círculo la palabra que indica para qué se reunieron las personas.

¿Qué hicieron las personas para protestar? Escríbelo aquí.

_____

- - - - - - - - - - - - - - - - - -

_____

_____

- - - - - - - - - - - - - - - - - -

_____

_____

- - - - - - - - - - - - - - - - - -

COLABORA

Comenta con un compañero cómo las acciones de los hombres y las mujeres contribuyeron a resolver el problema.

 ¿Cómo organiza el autor la información en esta selección?

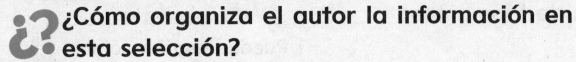

 **Acuérdate**

Cuando vuelvo a leer, observo cómo el autor organiza la información.

Coméntalo Comenta la relación entre las causas y los efectos. ¿Qué relaciones de causa y efecto incluye el autor en esta selección?

Evidencia en el texto Usa tus notas y claves del texto para anotar los efectos en la tabla.

Causa	Efecto
Las mujeres no podían votar.	
Mujeres y hombres protestaron.	

Escribe El autor organiza el texto

_____

_____

_____

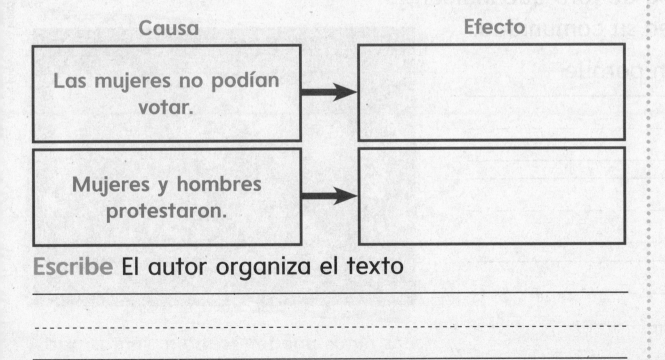

¿Cómo ayudan a su comunidad los niños de esta foto?

COLABORA

Coméntalo Comenta cómo ayudaron a sus comunidades las personas de los textos que leíste esta semana. Luego, comenta lo que ves en esta foto.

Evidencia en el texto Encierra en un círculo las claves de la foto y del pie de foto que indican cómo ayudan los niños en su comunidad.

Escribe Los niños ayudan porque

_____

_____

_____

_____

_____

_____

LECTURA ATENTA

Acuérdate

Puedo describir cómo ayudan los niños usando los siguientes marcos de oraciones:

Los niños están...

En los parques se necesita...

Leland Bobbe/Digital Vision/Getty Images

Los niños pueden trabajar juntos para mantener limpios los parques.

Un día con Rosina

Antología de literatura:
páginas 258–277

¿? **¿Cómo muestran las fotos de qué modo Hedy ayuda en la escuela?**

COLABORA

Coméntalo Vuelve a leer las páginas 266–267. Observa las fotos. ¿Cuál es el trabajo de Hedy?

Evidencia en el texto Usa claves de las fotos para indicar de qué modo Hedy ayuda en la escuela.

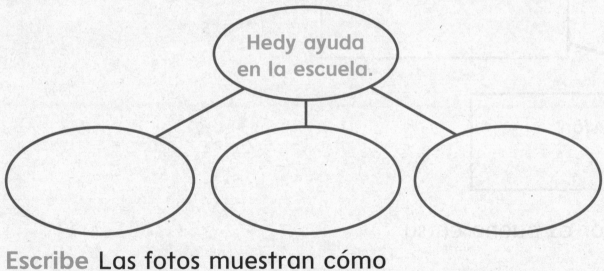

Hedy ayuda en la escuela.

Escribe Las fotos muestran cómo

_____

_____

LECTURA ATENTA **Consejo de la semana**

Farah

Cuando **vuelvo a leer**, observo las fotos para comprender mejor las palabras del autor.

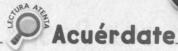

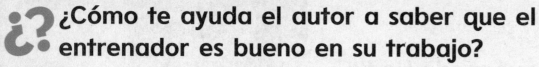

¿Cómo te ayuda el autor a saber que el entrenador es bueno en su trabajo?

Coméntalo Vuelve a leer la página 271. Comenta qué hace el equipo de Rosina.

Evidencia en el texto Usa claves del texto para indicar por qué el equipo tiene un buen entrenador.

Acuérdate

Mientras vuelvo a leer, puedo usar los siguientes marcos de oraciones para hablar del entrenador.

Con ayuda del entrenador...

Todos los jugadores...

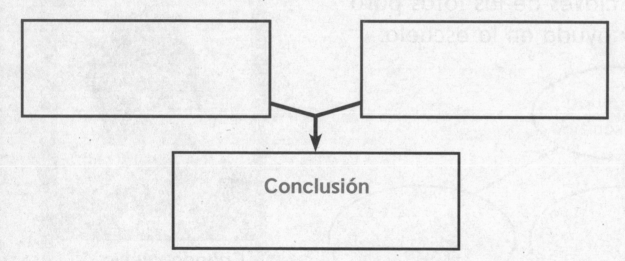

Conclusión

Escribe Sé que el entrenador es bueno en su trabajo porque

_____

_____

_____

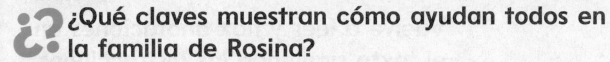

¿Qué claves muestran cómo ayudan todos en la familia de Rosina?

COLABORA

Coméntalo Vuelve a leer las páginas 272–273. Comenta lo que ves en las fotos.

Evidencia en el texto Usa claves del texto para escribir cómo ayuda cada miembro de la familia.

Mamá	Rosina	Emilio	Papá

Escribe Las ilustraciones muestran que en la familia

_____

- -

_____

Acuérdate

Puedo buscar claves en el texto y las fotos.

Tu turno

Rosina forma parte de una comunidad especial donde todos trabajan juntos. ¿Cómo colaboran las personas de tu comunidad para prestar su ayuda?

Usa los siguientes marcos de oraciones:

Recibo ayuda de...

Me ayudan cuando...

¡Conéctate!
Escribe tu respuesta en línea.

"La maestra"

Sin descanso la maestra
por el aula viene y va
enseñando con cariño
igualito que mamá.

Vuelve a leer y haz anotaciones en el texto siguiendo las instrucciones.

Encierra en un círculo la palabra que indica los sentimientos de la maestra.

¿Como quién enseña la maestra? Escríbelo aquí.

_____

- - - - - - - - - - - - - - - - -

_____

Observa las ilustraciones. ¿Cómo se sienten los niños y la maestra? Escribe aquí la respuesta.

_____

- - - - - - - - - - - - - - - - -

_____

COLABORA

Comenta con un compañero por qué crees que el poema tiene ese título.

Jairo Linares

Gracias a ella, ¡qué cosa
tan fácil es aprender!
Pero ¿cuánto todavía
nos queda por conocer?

Un poquito cada día
agrega a nuestro saber
y nos cuida y nos dirige
por el camino del bien.

Anónimo

Subraya la pregunta que se hace el niño del poema.

¿Cómo es aprender gracias a la maestra? Escribe aquí la respuesta.

_____

- -

_____

COLABORA

Conversa con un compañero acerca del significado de la palabra *Anónimo*. Enciérrala en un círculo.

¿? ¿Cómo se siente el hablante respecto de la maestra?

COLABORA

Coméntalo Vuelve a leer el poema. Comenta algunas de las palabras que el poeta usa para mostrar cómo se siente el hablante.

Evidencia en el texto Escribe las palabras o los versos que indican cómo se siente el hablante.

LECTURA ATENTA
Acuérdate
Puedo usar las claves del poema para saber cómo se siente el hablante.

Gracias a la maestra...	
La maestra enseña	

Escribe El hablante del poema

_____

- - - - - - - - - - - - - - - - - - - -

_____

¿Cómo ayuda la gallina a los pollitos?

COLABORA

Coméntalo Comenta cómo se ayudan las personas en *Un día con Rosina* y "La maestra". ¿Qué necesitan los pollitos de esta canción?

Evidencia en el texto Encierra en un círculo las claves que indican cómo ayuda la gallina a los pollitos.

Escribe Para ayudar a los pollitos, la gallina

_____

‒ ‒ ‒ ‒ ‒ ‒ ‒ ‒ ‒ ‒ ‒ ‒ ‒ ‒ ‒ ‒ ‒ ‒

_____

‒ ‒ ‒ ‒ ‒ ‒ ‒ ‒ ‒ ‒ ‒ ‒ ‒ ‒ ‒ ‒ ‒ ‒

_____

‒ ‒ ‒ ‒ ‒ ‒ ‒ ‒ ‒ ‒ ‒ ‒ ‒ ‒ ‒ ‒ ‒ ‒

LECTURA ATENTA

Acuérdate

Puedo describir cómo ayuda la gallina a los pollitos usando los siguientes marcos de oraciones:

Los pollitos...

Entonces, la gallina...

Los pollitos

Los pollitos dicen,
pío, pío, pío,
cuando tienen hambre,
cuando tienen frío.

La gallina busca
el maíz y el trigo,
les da la comida
y les presta abrigo.

Bajo sus dos alas
se están quietecitos,
y hasta el otro día
duermen calentitos.

Una escuela a prueba de lluvia

Leer juntos

¿? ¿Cómo los ayudan el texto y las ilustraciones a saber qué hacen los niños en la primera clase?

Antología de literatura:
páginas 282–311

COLABORA

Coméntalo Vuelve a leer las páginas 288–293. Comenta qué pasa cuando los niños llegan a la escuela.

Evidencia en el texto Escribe qué claves del texto y las ilustraciones te dicen qué pasa con la escuela el primer día de clases.

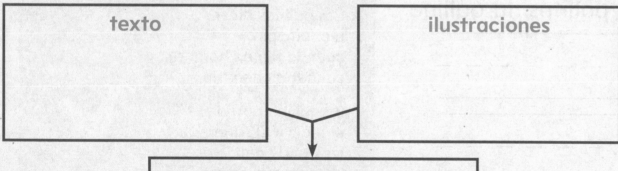

texto	ilustraciones

La primera lección es aprender a construir una escuela.

Escribe El texto y las ilustraciones muestran a los niños

_____

- -

LECTURA ATENTA **Consejo de la semana**

Hector

Cuando vuelvo a leer, presto atención al texto y las ilustraciones.

BDLM/Cultura/Getty Images

¿Cómo te ayudan las ilustraciones a comprender que a los niños les gusta colaborar?

COLABORA

Coméntalo Vuelve a leer las páginas 294–295. Comenta qué hacen los personajes en la ilustración.

Evidencia en el texto Escribe las claves de la ilustración que indican cómo se sienten Tomás y sus amigos.

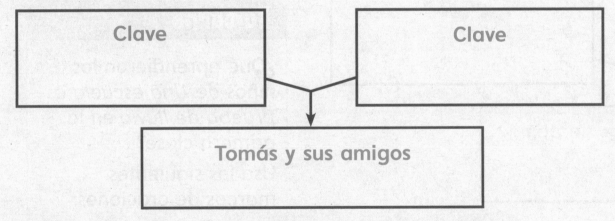

Clave	Clave

Tomás y sus amigos

Escribe Sé que a los niños les gusta colaborar porque

_____

- -

_____

¿? **¿Cómo te ayuda el texto a saber cómo se sienten los niños acerca de su escuela?**

COLABORA

Coméntalo Vuelve a leer las páginas 296–297. Comenta cómo es la escuela por dentro.

Evidencia en el texto Escribe claves del texto para indicar qué piensan los niños de su escuela.

LECTURA ATENTA
Acuérdate

Puedo usar claves del texto para comprender cómo se sienten los personajes.

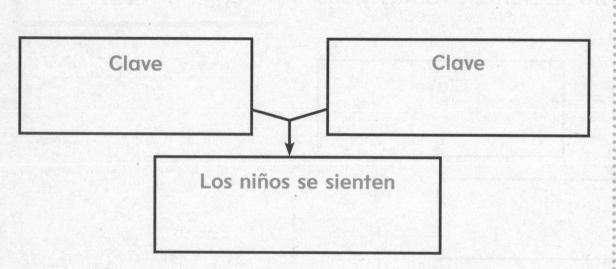

Clave	Clave

Los niños se sienten

Escribe El texto me ayuda a saber que los niños

_____

- -

_____

Tu turno

¿Qué aprendieron los niños de *Una escuela a prueba de lluvia* en la primera clase?

Usa los siguientes marcos de oraciones:

Todos trabajaron...

Los niños aprendieron...

¡Conéctate!
Escribe tu respuesta en línea.

"Días de lluvia"

El tiempo cambia todos los días. A veces sale el sol. A veces llueve. Cuando llueve, ¿deseas que pare de llover? Tal vez sí, pero la lluvia es necesaria.

Corbis/SuperStock

Vuelve a leer y haz anotaciones en el texto siguiendo las instrucciones.

Subraya la oración que indica lo que sucede con el tiempo.

¿Cómo pueden ser los días? Escríbelo aquí.

_____

_____

_____

_____

COLABORA

Comenta por qué crees que el autor explicará por qué la lluvia es importante. Encierra en un círculo las claves del texto.

Para qué sirve la lluvia

Todos los seres vivos necesitan agua. La lluvia hace crecer las plantas. Las plantas sirven de alimento a personas y animales. El agua de lluvia se acumula en lagunas, lagos y ríos. Los animales la beben todo el año. Nosotros también necesitamos beber agua. Además, la usamos para cocinar y limpiar.

Encierra en un círculo las palabras que indican de qué se trata este párrafo.

Subraya las palabras que indican cómo ayuda la lluvia a las plantas.

Escribe tres acciones que las personas hacen con el agua.

_____

_____

_____

_____

COLABORA

Conversa con un compañero acerca de cómo la lluvia ayuda a los animales.

¿Cómo está organizada la información en este texto?

Coméntalo Vuelve a leer las páginas 314 y 315. Comenta la información que ves en cada página.

Evidencia en el texto Usa las claves del texto para escribir los detalles que te ayudan a comprender la idea principal.

Acuérdate

Puedo buscar claves en el texto para comprender los detalles más importantes.

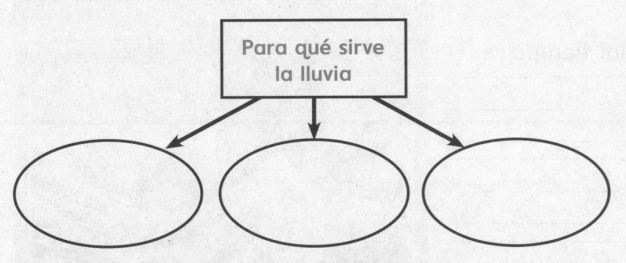

Para qué sirve la lluvia

Escribe El autor organiza la información

_____

- -

_____

¿De qué forma afecta el mal tiempo a las personas?

COLABORA

Coméntalo Comenta lo que ves en la pintura. ¿Cómo afecta el mal tiempo a las personas en *Una escuela a prueba de lluvia* y "Días de lluvia"?

Evidencia en el texto Señala claves sobre el modo en que el mal tiempo afecta a las personas en la pintura.

Escribe En la pintura, el mal tiempo

_____

- -

_____

_____

_____

_____

Acuérdate

Puedo describir lo que veo usando los siguientes marcos de oraciones:

El mar es...

Veo olas que....

Los Angeles County Museum of Art

La gran ola de Kanagawa, de Katsushika Hokusai, muestra pequeños botes muy cerca de una gran ola.

Una piñata mojada

Antología de literatura:
páginas 318–335

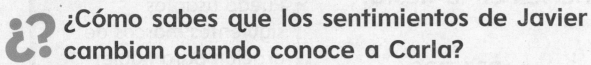 ¿Cómo sabes que los sentimientos de Javier cambian cuando conoce a Carla?

Coméntalo Vuelve a leer las páginas 320–323. Observa las ilustraciones y comenta lo que ves.

Evidencia en el texto Escribe las claves del texto y de las ilustraciones que indican cómo se siente Javier en cada caso.

Antes de conocer a Carla	Después de conocer a Carla

Escribe El texto y las ilustraciones muestran que cuando conoce a Carla, Javier

_____

_____

_____

Kate

Cuando **vuelvo a leer**, uso claves del texto y las ilustraciones para saber cómo se sienten los personajes.

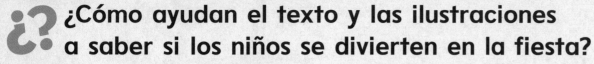

¿Cómo ayudan el texto y las ilustraciones a saber si los niños se divierten en la fiesta?

COLABORA

Coméntalo Vuelve a leer las páginas 326–329. Observa las ilustraciones y comenta lo que ves.

Evidencia en el texto Escribe las claves del texto y de las ilustraciones que indican cómo se sienten los niños.

Acuérdate

Puedo usar los siguientes marcos de oración para hablar sobre la fiesta de Carla.

La fiesta es…

Carla…

Claves del texto	Claves de las ilustraciones

Escribe Sé que los niños se divierten porque

_____

- -

_____

¿Cómo se resuelve el problema del cuento?

Coméntalo Vuelve a leer las páginas 330–333. Observa las ilustraciones y comenta lo que ves.

Evidencia en el texto Describe el problema, los pasos que se dan para resolverlo y la solución.

Acuérdate

Puedo usar las claves del texto y las ilustraciones para comprender qué ocurre en el cuento.

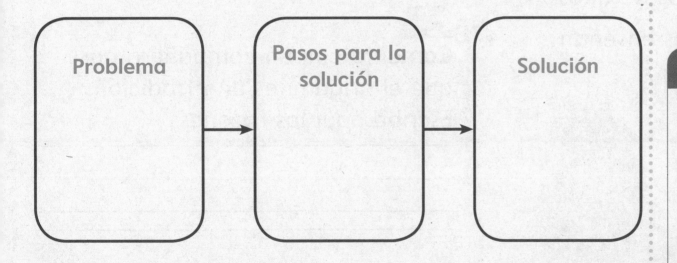

Problema → Pasos para la solución → Solución

Escribe El problema de la fiesta se resuelve cuando

_____

- -

_____

Tu turno

Escribe una carta de Javier en la que cuente a un amigo lo que pasó en la fiesta.

Usa los siguientes marcos de oraciones:

Querido amigo:...

Te escribo para...

¡Conéctate!
Escribe tu respuesta en línea.

"Cómo hacer figuras con papel"

¿Ves la grulla de papel plegado? El arte de plegar papel para hacer figuras se llama origami. En Asia se practica hace cientos de años.

Los padres y abuelos enseñan origami a los niños.

Vuelve a leer y haz anotaciones en el texto siguiendo las instrucciones.

Encierra en un círculo las palabras que indican cómo está hecha la grulla.

Subraya la oración que explica qué es el origami.

COLABORA

Comenta con un compañero por qué el origami es una tradición. Escribe aquí las razones.

_____

- -

_____

- -

_____

En Japón se usa para hacer decoraciones en fechas especiales. Una celebración importante es la Festividad de las Estrellas. Los niños cantan y comen golosinas.

Las familias cuelgan figuras de origami en las calles. Los niños anotan sus deseos en papeles de colores y los cuelgan de un palo para que se cumplan.

Escribe el nombre del país del que se habla en esta página.

_____

- - - - - - - - - - - - - - - - - - - -

Escribe el nombre de la festividad

- - - - - - - - - - - - - - - - - - - -

_____

COLABORA

Conversa con un compañero sobre las cosas que hacen las personas en la festividad. Subraya las claves.

Meg Takamura/Iza Stock/age fotostock

¿Cómo organiza el autor la información en esta selección?

Coméntalo Vuelve a leer las páginas 338 y 339. Comenta las ideas importantes de cada página.

Evidencia en el texto Escribe qué información se da en cada página.

Página 338	Página 339

Escribe El autor organiza la información

_____

- -

_____

¿Qué tradición comparten las niñas de la foto?

COLABORA

Coméntalo Conversa con un compañero acerca de las tradiciones sobre las que leyeron esta semana. ¿Qué tradición muestra la foto?

Evidencia en el texto Encierra en un círculo las claves que indican que las niñas de la foto comparten una tradición.

Escribe Las niñas comparten una tradición porque

_____

_ _

_____

_ _

Acuérdate

Puedo describir la tradición usando los siguientes marcos de oraciones:

Las niñas están...

El baile es...

Estas niñas bailan una danza tradicional irlandesa, como lo hacían sus madres y sus abuelas.

felix zaska Irish collection/Alamy

¡Feliz cumpleaños, Estados Unidos!

¿? **¿Cómo está organizada la información del texto?**

Coméntalo Vuelve a leer las páginas 342–347. Comenta la pregunta de la página 343.

Evidencia en el texto Indica qué información se da antes de la pregunta y cuál después.

Antes	Después

Escribe El autor organiza la información

_____

_____

Leer juntos

Antología de literatura: páginas 342–349

Consejo de la semana

LECTURA ATENTA

Grace

Cuando **vuelvo a leer**, busco claves para saber cuándo ocurrieron los sucesos.

Thomas Northcut / Photodisc / Getty Images

¿**Por qué el autor incluye fechas en el texto?**

COLABORA

Coméntalo Vuelve a leer las páginas 346–347. Comenta en qué parte el autor menciona fechas.

Evidencia en el texto Usa claves del texto para escribir qué ocurrió en esas fechas.

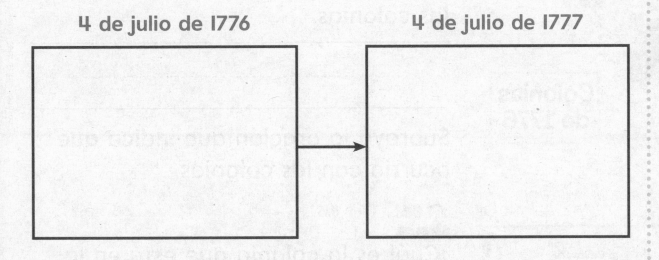

4 de julio de 1776

4 de julio de 1777

Escribe El autor incluye fechas para mostrar que

_____

Acuérdate

Cuando vuelvo a leer, uso los siguientes marcos de oraciones para hablar de los sucesos:

El 4 de julio de 1776...

Un año después...

Tu turno

¿Qué crees que es lo más importante del 4 de Julio? ¿Por qué?

Usa los siguientes marcos de oraciones:

El 4 de Julio, las personas...

Es una fecha importante porque...

¡Conéctate!
Escribe tu respuesta en línea.

"Crece una nación"

En 1776, nuestra nación estaba formada por trece colonias. Tenía más de dos millones de habitantes. Con el tiempo, las colonias se convirtieron en estados. Lee los nombres de las colonias. ¿Conoces alguno?

Colonias de 1776

Illustration: Beth Griffis Johnson

Las 13 colonias

1 Massachusetts
2 Nueva Hampshire
3 Nueva York
4 Connecticut
5 Rhode Island
6 Pensilvania
7 Nueva Jersey
8 Maryland
9 Delaware
10 Virginia
11 Carolina del Norte
12 Carolina del Sur
13 Georgia

Vuelve a leer y haz anotaciones en el texto siguiendo las instrucciones.

Escribe cuántas colonias había en 1776.

Escribe cuántas personas vivían en las colonias.

Subraya la oración que indica qué ocurrió con las colonias.

COLABORA

¿Cuál es la colonia que está en la parte de arriba del mapa?

Comenta con un compañero cómo encontraste la respuesta.

¿Cómo te ayuda la clave a comprender el mapa?

COLABORA

Coméntalo Vuelve a mirar el mapa de las colonias. ¿Para qué sirven los números? Coméntalo.

Evidencia en el texto Compara lo que ves en el mapa y lo que dice la clave.

 Acuérdate
Puedo usar las claves para comprender los mapas.

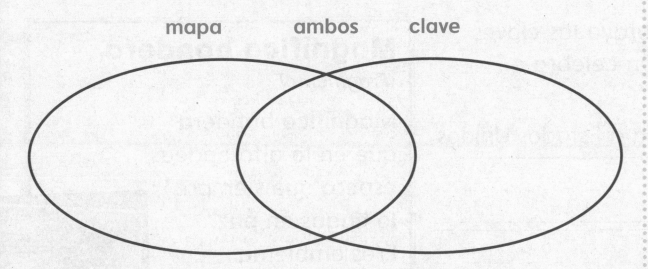

mapa   ambos   clave

Escribe Puedo usar la clave del mapa para

_____

- -

_____

¿Cómo celebra esta canción a Estados Unidos?

COLABORA

Coméntalo Comenta cómo se celebra a Estados Unidos en los textos que leíste esta semana. Luego, comenta qué crees que significa nuestra bandera. ¿Qué significan las palabras *magnífica* y *emblema*?

Evidencia en el texto Subraya las claves que indican que la canción celebra a Estados Unidos.

Escribe La canción celebra a Estados Unidos

_____

_____

_____

_____

Acuérdate

Puedo describir la canción usando los siguientes marcos de oraciones:

La canción trata de...

Dice que Estados Unidos...

Magnífica bandera
(Fragmento)

Magnífica bandera
que en lo alto ondeas,
espero que siempre
lo hagas en paz.
Eres emblema
de la tierra que amo:
el hogar de los libres
y los valientes.

George M. Cohan